어쩌다 보니,
그러다 보니

어쩌다 보니,
그러다 보니

박성제 지음

그저 살다 보니
해직된 MBC 기자,
어쩌다 보니
스피커 장인이 된
쿠르베 이야기

푸른숲

목차

프롤로그
해고 통보는 문자로 날아왔다　7

나는 골프 치는 한량 기자였다　20
그래서 말인데… 박 기자가 하면 안 될까?　45
사장님을 만나 롤러코스터를 타다　61
공수부대장 김재철, 그리고 열린 방송의 적들　97
1백70일의 파업, 그 자리에 남겨진 사람들　116
나는 무엇을 위해 사는 걸까?　127
내 손으로 만든, 세상에 단 하나뿐인 당신　149
기자가 스피커 만드는 게 어때서요?　164

'죽이는 디자인'은 닦인 길 위에서 나오지 않는다   **179**

이러다 정말 스피커 회사 차리겠어요   **189**

초짜 자영업자의 세상은 MBC 기자가 살던 곳이 아니었다   **205**

디자이너 박 선생님이세요?   **223**

나를 위로하지 마, 내가 위로할게   **240**

고마워, 여보. 그리고 사랑해   **249**

이제는, 내가 하고 싶은 일을 한다   **271**

에필로그
나는 돌아간다, 반드시   **282**

프롤로그

해고 통보는 문자로 날아왔다

'인사위원회 결과가 메일로 통보되었으니 확인하기 바랍니다.'

메일을 확인해보라고? 그냥 넌 해고라고 전화로 알려주지 무슨 메일을 보내고, 또 그걸 열어보라고 문자까지 보내는 거야. 아냐, 어쩌면 해고가 아니라 정직 6개월 정도로 그친 것 아닐까? 혹시나 하는 마음에 메일을 열어보려는데 전화벨이 울리기 시작했다. 인터넷 언론 기자들이었다.

"박성제 기자시죠? 지금 심경이 어떠신지 말씀 좀 해주세요."

"무슨 심경요?"

"해고당하셨잖아요. 조금 전에 MBC 홍보부에 확인해봤더니 최승호 PD와 함께 해고당하셨다던데요."

그럼 그렇지, 개자식들. 친절하게도 나보다 먼저 내 해고 사실을 취재해 알려주는 기자들에게 나는 의연한 척 대답했다.

"하하하, 결국 그렇게 됐군요. 뭐, 충분히 예상했던 일이라 담담합니다."

거짓말이 아니었다. 기분은 거지 같았지만 충격으로 눈앞이 캄캄해지거나, 눈물이 앞을 가리거나, 분노로 얼굴이 벌게지는 따위의 상황은 벌어지지 않았다. 스물여덟 살에 MBC 기자로 입사해 한눈팔지 않고 열심히 일만 했던 지난 19년 세월이 주마등처럼 스쳐 지나가야 마땅했으나 머릿속이 혼란스럽지는 않았다. 그냥 쓴웃음만 나왔다.

기자들의 두번째 질문이 이어졌다.

"그런데 왜 해고당하셨어요? 이유를 아세요?"

"모릅니다, 전혀."

이것도 사실이다. 나는 김재철 사장이 나를 왜 해고했는지 알 수 없었다. 함께 해고당한 최승호 선배도 이유를 모르긴 마찬가지였다. 우리는 이번 파업을 이끈 집행부가 아니었다. 트위터나 페이스북, 인터넷에서 김 사장을 대놓고 비난한 일도 없다. 후배들과 함께하고 싶어서 파업에 동참하긴 했지만, 선배랍시고 뒷줄에 앉아 구호 외치는 것도 귀찮아 하는, 평범한 고참 조합원이었을 뿐이다.

그런데 어렴풋이 짚이는 건 있다. 최승호 선배와 나의 공통점이

딱 하나 있기 때문이다. 몇 년 전 전국언론노동조합 문화방송본부 본부장을 지냈다는 점이다. 그게 무슨 직함이냐고? 누구나 알아들을 만한 말로 하면 'MBC 노조위원장'이다. 대한민국에서 이른바 애국 보수를 자처하는 사람들이 가장 무서워하면서 동시에 가장 증오하는 집단, MBC 노조. 그 무시무시한(?) 조직의 수장을 지냈다는 것. 그게 바로 내 해고 사유였던 거다.

IMF 때 정리 해고를 당한 은행 직원들을 인터뷰한 적이 있다. 대다수가 회사에서 해고 통보를 받자마자 아내와 자녀들의 얼굴이 먼저 떠올랐다고 했다. 그런데 나는 며칠 전 인사위원회에서 만났던 선배 두 명의 얼굴이 먼저 생각났다. 권재홍과 이진숙. 두 사람 모두 MBC를 대표하는 유명한 기자이자 내가 존경하던 리포터였다.

〈뉴스데스크〉 앵커 출신으로 지금은 MBC 부사장이 된 권재홍 선배는 내가 경찰서를 출입하던 사건기자 시절에 하늘처럼 모시던 데스크였다. 기사를 참 잘 썼고 잘 고쳐줬다. 게다가 늘 후배를 웃는 낯으로 대하고 호통보다는 칭찬을 많이 해주는 다정다감한 성격이어서 나는 그 양반을 꽤 좋아했다. 아마 권 선배도 나를 싫어하지는 않았으리라. 특히 MBC 5층 보도국에서 권 선배 자리인 〈뉴스데스크〉 앵커석과 내 자리인 〈아침뉴스〉 팀장석은 바로 붙어 있었다. 그래서 파업 직전까지도 우리는 틈만 나면 시시껄렁한 농담을 주고받는, 제법 다정한 선후배 사이였다. 가끔씩 인터넷 연예 기사에 낯 뜨거운 사진이 올라오면 나는 제일 먼저 권 선배에게 보여주며 함께 낄낄대곤 했다.

걸프전 종군기자로 명성을 떨쳤던 이진숙 선배는 자타가 공인하는 〈뉴스데스크〉의 간판 여기자였다. 국제부 야근을 함께 하던 날, 미국의 이중적인 중동 정책을 전문적인 식견을 동원해 조목조목 비판하던 이 선배는 올곧아 보였다. 워싱턴 특파원 시절 유창한 영어로 미국 관료들을 자유자재로 인터뷰하던 이 선배는 그렇게 멋질 수가 없었다. 심지어 젊었을 때는 노조 활동에도 열심이었다고 한다. 1992년 공정 방송과 사장 퇴진을 요구하는 파업 때, 수십 명의 선배들이 단식투쟁에 돌입했다가 일주일을 못 넘기고 대부분 포기했다고 한다. 그런데 이진숙 선배는 여성 조합원 중 유일하게 남아 끝까지 단식을 풀지 않았다는 전설 같은 일화도 있다.

그랬던 두 선배가, 후배들이 사장 물러나라고 파업을 하는 와중에 핵심 요직인 보도본부장과 기획조정본부장이 됐다. 두 사람에 대한 김재철 사장의 신임이 꽤 두텁다고 했다. 높은 자리에 앉은 뒤 얼마 안 되어 두 사람은 인사위원회에 위원으로 참석했다. 파업에 참여한 후배를 회사에서 내쫓기 위해서였다.

인사위원장은 올해 초 MBC 사장이 된 안광한 부사장이었다. 그 옆에는 권재홍 본부장과 이진숙 본부장이 나란히 앉아 있었다. 내가 인사위원회장에 들어가자 권 본부장은 자리에서 일어나 밖으로 나갔다. 소속 직원이 징계를 받을 경우 해당 본부장은 인사위원회에 참석해선 안 된다는 사규에 따른 것이었다. 굳은 표정으로 내 눈길을 피하며 회의실을 빠져나가는 권 본부장의 모습이 '나는 너를 해고하기 싫다. 김재철 사장이 시켜서 그러는 것일 뿐이야'라고 말하는 것처럼 보였다. 선배, 그렇다면 내 눈을 봐주세요, 제발. 그러나 권 본부장은 끝까지 나와 눈을 마주치지 않았다.

나는 인사위원들을 똑바로 쳐다보며 물었다.

"나는 팀장 신분으로 파업에 참여했다는 것 때문에 이미 정직을 당한 상태입니다. 그런데 다시 인사위원회에서 징계를 하겠다고 부른 것은 나를 해고하려고 하는 것 아닙니까? 내가 왜 해고를 당해야 하는지 알고 싶습니다."

아무도 내 물음에 대답하지 않았다. 당연하지, 사장님의 지시로 너를 해고하는 거라고 어떻게 말하겠나. 나는 다시 말했다.

"내가 어떤 잘못을 저질렀고 회사에 어떤 해를 입혔는지 설명해주세요."

그러자 이진숙 본부장이 내게 다가와 사진 두 장을 내밀었다.

"박성제 씨, 이 사진들에 다 나와 있어요."

한 장은 〈조선일보〉에 난 사진이었는데, 김재철 사장을 둘러싸고 구호를 외치는 조합원들 뒤쪽에 내가 서 있는 모습이 우연히 찍혀 있었다. 또 한 장은 회사 CCTV 사진으로, 본사 건물 앞 광장에서 야간 집회를 벌이는 후배 기자들을 한쪽에서 바라보고 있는 내 모습이 담겨 있었다. 황당하고 어이가 없어서 반문했다.

"본부장님, 뭐가 나와 있다는 겁니까?"

"박성제 씨가 후배들을 지휘하고 있는 모습이 나와 있잖아요."

"아니, 내가 지휘했다고요? 사진에는 수십 명이 나와 있는데 왜 나만 찍어내서 집회를 지휘했다는 겁니까?"

"그 정도면 충분하죠. 더이상의 증거는 필요 없어요."

이 본부장은 잘라 말했다. 화가 치밀어오른 나는 확실한 증거를 내놓으라고 인사위원들에게 계속 따졌다. 그러자 인사위원회를 진행하던 경영국장이 나를 제지했다.

"자꾸 토론하려 하지 말고 간단히 할 말만 하고 나가세요."

순간 나는 이성을 잃었다.

"간단히 말하고 나가라고요? 이보세요. 당신들은 지금 나를 회사에서 내쫓으려고 하고 있어요. 직장인에게 해고는 사형선고 아닙니까? 세상에, 증거도 없이 사형을 선고하려는 재판부가 피고인에게 변론의 기회도 안 주고 재판을 끝내겠다니, 이게 말이나 됩니까?"

만약 내가 헐크였다면 그 순간 인사위원회장은 풍비박산 났을 것이고, 내가 늑대인간이었다면 그 자리에 있던 모든 이들이 갈가리 찢긴 시체가 됐을 것이며, 내가 눈에서 레이저 광선을 발사할 수 있었다면 모두들 시커먼 숯덩이로 타버렸을 것이다. 하지만 나는 침착해야 한다고 스스로를 달랬다. 어차피 해고는 정해진 것. 차분하게 대처하자. 그게 이기는 거다. 억울함과 분노를 꾹꾹 눌러 삼키면서, 천천히, 경고하듯, 최대한 냉정해 보이도록, 나는 말했다.

"좋습니다, 나가겠습니다. 그런데 속기사님 어디 계신가요? 오늘 이 자리에서 내가 인사위원들과 주고받은 대화를 빼놓지 않고 기록하셨겠죠? 한마디도 누락하면 안 됩니다. 왜냐하면 오늘의 속기록이 나중에 진행될 내 해고 무효 소송의 중요한 증거가 될 테니까요."

갑자기 생각해낸 것치고는 꽤 멋진 대사였다. 인사위원회장을 박차고 나오면서 내가 억울한 누명을 쓴 할리우드 법정 영화의 주인공 같다는 생각이 들었다. 비록 해고는 면하지 못했지만.

초저녁에 집에 돌아갔더니 딸 서영이가 인터넷 화면을 보여준다.

"아빠 해고됐다며? 아빠 이름이 '네이버', '다음' 실시간 검색어 3위야."

"정말? 1, 2위는 뭔데?"

"1위는 김재철, 2위는 최승호, 그리고 4위는 비스트."

최 선배와 나의 해고가 인터넷 세상에서는 꽤 화제였나보다. 오후 한때 포털사이트 톱뉴스로 올라가 있었다고 한다. 서영이는 중학생이니 해고의 의미가 무엇인지 모르진 않을 터. 그런데도 아빠 이름이 인기 절정의 아이돌 그룹보다 검색어 순위에서 앞서 있다며 기분 좋은 척한다. 그 모습이 대견해서 물어봤다.

"아빠가 해고당했는데 괜찮아? 이제 돈도 못 벌 텐데."

"괜찮아, 아빠. 어차피 파업하나 해고당하나 월급 못 받는 건 똑같잖아."

2012년 6월 21일 해고 다음날.
최승호 PD와 내가 해고된 다음날 조합원들 앞에서 연설하고 있다. 이때만 해도 김재철 사장은 곧 물러나고 우리는 복직될 것이라 굳게 믿고 있었다.

나를 위로하려는 딸아이의 농담에 갑자기 눈물이 핑 돌았다.

해고 통보를 받는 순간에도 아무렇지 않았는데. 초등학생 아들 준영이도 질세라 한마디 거든다.

"엄마가 그러는데 아빠는 금방 복직될 거래."

그제야 아내를 쳐다봤다. 나를 보고 빙긋 웃는다.

"어차피 김재철 사장 곧 물러날 거잖아. 그러면 복직되는 거 아냐?"

아내의 의연한 태도가 고마워서 나도 자신 있게 대답했다.

"당연하지. 조금만 참으면 돌아갈 거야."

"그래도 당신 당분간은 돈 못 버니까 내 말 잘 들어야 돼. 내 월급만으로 살려면 예전처럼 아무거나 막 지르면 안 되는 거 알지?"

아내의 걱정은 그게 다였다. 틈만 나면 해외 쇼핑몰에서 CD를 주문하고, 1년에도 몇 번씩 스피커나 앰프 같은 오디오 기기를 바꿈질하는 내 버릇을 꼬집는 말이었다. 음악을 워낙 좋아해서 생긴 내 소비벽을 아내는 늘 모르는 척 참아주곤 했지만, 이제부터는 자제하라는 너그러운 잔소리였다. 나도 맞장구를 쳐줬다.

"걱정 마, 이제 스피커에 돈 안 쓸게. CD 주문도 복직할 때까지 참아야지. 당신 말대로 서너 달이면 끝날 테니까."

아빠의 해고라는 엄중한 사태에 대처하는 우리 가족의 자세는 이처럼 쿨하기만 했다.

다음날 회사 앞에서 최 선배와 나의 해고를 규탄하는 조합원 집회가 열렸다. 나는 걱정스러운 눈빛으로 바라보는 후배들 앞에서 마이크를 잡고 우스갯소리를 했다.

"회사 생활 20년 가까이 해보니 줄 잘 서는 게 제일 중요하더라고요. 이번에 저는 줄을 참 잘 선 것 같습니다. 이 시대 참언론인의 표상인 최승호 선배와 함께 해고됐으니 줄 잘 선 것 아닙니까?"

조합원들이 박장대소했다. 나는 신이 나서 큰소리쳤다.

"수십 년간 독재를 이어온 리비아의 카다피도, 이집트의 무바라크도 끝까지 정권을 놓지 않으려고 발버둥치지 않았습니까? 하지만 결국 국민들의 힘에 쫓겨나고 말았습니다. 김재철 사장이 지금은 안하무인이지만 조만간 쫓겨나고 MBC는 정상화될 겁니다. 새누리당에서도 김 사장 나쁜 사람이라고 말하고 있어요. 우리 해고자들도 여러분 곁으로 금방 돌아갈 겁니다."

그 말은 사실이었다. 김재철 사장에 대한 평가는 야당은 물론 여당 내에서도 최악이었다. 몇몇 새누리당 의원은 파업에 참여한 MBC 기자들에게 곧 김 사장은 물러날 거라고 귀띔해주기도 했다. 청와대는 김 사장을 지키려 하겠지만 결국 정치권이나 방송통신위원회에서 김 사장을 내보내고 MBC 파업 사태를 해결할 것이라는 게 언론계의 일반적인 전망이었다. 나를 비롯한 여섯 명의 해고자들은 늦어도 가을이면 당당히 회사로 돌아갈 거라고 믿고 있었다.

그러나 그토록 확고했던 우리의 믿음은 물거품이 됐다. 결국 김재철 사장은 대선 정국에서 살아남았다. 우리 중 그 누구도 해고 이후 2년이 넘도록 MBC로 돌아가지 못하리라고는 예상하지 못했다. 나 또한 짐작도 못 하고 있었다. 아내가 달가워하지 않던 취미인 스피커 바꿈질이 꼬여버린 내 인생에 새로운 도전으로 찾아올 줄은.

2012년 6월의 일이었다.

나는
골프 치는
한량 기자였다

내가 음악과 오디오에 빠지기 시작한 건 중학교 때부터인 것 같다. 처음에는 남들처럼 조그만 AM 라디오로 밤마다 〈별이 빛나는 밤에〉 같은 프로그램에 귀를 기울이다 잠들곤 했다. 그러다 중학교 2학년 때 아버지가 일본 출장길에 새로 나온 소니 워크맨을 선물로 사다주셨다. 카세트테이프를 집어넣고 플레이 버튼을 누르자 헤드폰으로 흘러나오던 퀸의 〈보헤미안 랩소디〉 첫 소절의 감동을 나는 아직도 잊지 못한다.

'Is this the real life? Is this just fantasy?'

말 그대로 판타지였다. 용돈이 생길 때마다 하나 둘씩 사 모은 카세트테이프가 어느덧 백여 개가 넘어가고 헤드폰의 스펀지가 닳아 찢어질 무렵, 아버지는 고등학교 입학 선물로 다시 커다란 스테레오 기기를 사주셨다. 둥그런 스피커가 양쪽에 달려 있고 FM 라디오에서 나오는 음악을 실시간으로 카세트테이프에 녹음할 수 있는 고급 모델이었다. 그때부터는 주말만 되면 〈황인용의 영팝스〉에서 일목요연하게 정리해주는 빌보드 차트의 곡들을 공테이프에 녹음해서 듣기 시작했다. 용돈이 궁한 고등학생이 최신 팝송을 맘대로 들을 수 있게 해주는 최고의 오디오 기기였다. 내친김에 아버지를 졸라 통기타도 한 대 샀다. 스테레오 플레이어에는 내장 마이크도 달려 있어서 서툰 솜씨로 기타를 팅기면서 부른 노래를 녹음해 들어볼 수도 있었다.

고등학교 3학년에 올라갈 무렵, 여전히 음악과 기타에 빠져 있던 나의 성적은 조금씩 떨어지고 있었다. 그동안 내 취미를 별 잔소리 없이 이해해주시던 부모님의 인내심은 성적보다 더 빨리 바닥이 났다. 어느 날 아버지가 굳은 표정으로 내게 말씀하셨다.

"오늘부터 기타와 워크맨, 스테레오를 압수하겠다. 학력고사 끝날 때까지 음악 듣지 말고 공부에만 전념하도록 해라."

나는 음악 들으면서도 공부 잘할 수 있다, 수험 생활의 스트레스를 음악으로 풀어야 하지 않겠냐고 우기면서 저항해봤지만 소용없었다. 아버지의 결심은 확고했다. 원래 우리나라 아버지들은 대개 비슷하지 않은가. 맏아들에게 평소엔 한없이 너그럽지만 한번 화나면 불같이 무서워지는 것 말이다. 나는 기타로 두 대 정도 맞은 다음 바로 꼬리를 내리고 저항을 포기했다. 대신 머리를 굴려 아버지에게 반대급부를 요구했다. 부모님이 그렇게 바라는 서울대에 합격할 경우 제대로 된 오디오를 사달라고 한 것이다. 턴테이블과 앰프, 그리고 스피커. 내가 꿈에 그리던 궁극의 오디오 시스템.

"그 앰프랑 스피커가 얼마나 하는데?"

아버지가 물었다. 아버지의 화통한 성격을 잘 아는 나는 베팅을 세게 했다.

"음…… 백만 원이면 될 것 같아요."

잠시 고민하던 아버지는 흔쾌히 허락했다.

"좋다. 서울대에 합격하는 날, 백만 원을 주마. 그걸로 오디오를 사든지 말든지 맘대로 해."

서울대 합격과 오디오를 맞바꾸는 부자간의 빅딜은 그렇게 성사됐다.

빅딜의 결과로 고3 수험 생활 동안 음악을 듣는 시간을 대폭 줄였다. 대신 또 하나의 새로운 취미가 생겨났다. 매달 초가 되면 서점으로 달려가 월간 오디오 잡지를 구입하는 것. 〈오디오와 레코드〉라는 이름으로 기억되는 그 잡지에는 전 세계 유명 오디오 메이커의 턴테이블과 앰프, 스피커의 사진과 광고가 잔뜩 실려 있었다. 서울대에 합격하면 어떤 녀석을 들여놓을까 매일 밤 행복한 고민을 하면서 잡지가 해지도록 읽고 또 읽었다. 나는 최신형 제품보다 과거의 명기를 소개하는 코너를 좋아했다. 아버지가 약속한 오디오 구입 예산은 백만 원이었는데 그 돈으로는 적당한 브랜드의 중고 제품을 살 수밖에 없었기 때문이다. 오디오 잡지가 열 권쯤 모이자 나름대로 현실적인 목표가 정해졌다. AR 턴테이블과 마란츠 앰프, JBL 스피커. 오디오 평론가들이 가격 대비 성능이 좋다고 침이 마르게 칭찬하는 기기들이었다. 모두 당대를 풍미하던 명기지만 청계천 세운상가에서 중고를 잘 고르면 백만 원 안팎의 금액으로 들여놓을 수 있을 것 같았다.

다행히 나는 서울대 국문학과에 합격했다. 아버지는 흡족해하면서 약속을 지켰다. 나는 빳빳한 만 원짜리 백 장을 들고 구름 위를 걷는 기분으로 세운상가로 쇼핑을 나섰다. 구입해야 할 기기의 모델명은 이미 머릿속에 들어 있었다. 하루 종일 수십 군데의 오디오 숍을 모두 돌아보리라. 그리고 나서 가장 상태가 좋은 중고품으로 골라야지. 단단히 마음먹고 있었다. 그러나 그 결심은 맨 처음 들어선 오디오 가게에서 바로 무너지고 말았다. 가게 진열대 한가운데 듬직하게 놓인 켄우드 콤포넌트 시스템을 보고 만 것이다. 턴테이블과 앰프는 물론 튜너, 카세트테이프 플레이어, 그리고 12인치 우퍼를 장착한 대형 스피커까지 구비한 종합 선물 세트 같은 시스템이었다. 투명 유리 장식장 안에서 번쩍번쩍하는 은빛 기기들을 접하자 1년 동안 하나하나 소중하게 작성해온 나만의 오디오 기기 리스트는 순식간에 잊히고 있었다. 노회한 오디오 가게 주인아저씨가 어리벙벙한 19세 소년의 욕망을 한눈에 간파하고 떡밥을 던졌다.

"이게 맘에 들어? 예산이 얼만데?"

요즘으로 치면 용산 전자 상가 상인들이 "얼마까지 알아보고 오셨어요?"라고 묻는 것과 같은 뜻의 질문이었다.

"백만 원요."

나는 정직하게 대답했다.

"백만 원? 음…… 조금 모자라는데 어쩌지. 요즘 일본에서도 켄우드가 최고인 거 알지? 소니나 마란츠는 켄우드에 비하면 소리가 한 수 아래야. 이건 6개월밖에 안 쓴 거라 1백50만 원은 받아야 하는데."

소니, 마란츠보다 좋은 물건이라니. 나는 애가 닳기 시작했다.

"아저씨, 저 딱 백만 원밖에 없거든요. 부모님이 대학교에 들어갔다고 사주시는 거라 더 구할 수도 없고요."

주인아저씨는 잠시 고민하는 척하다가 선심 쓰듯 말했다.

"나도 모르겠다. 그냥 백만 원에 가져가. 대학교에 합격했다니까 내가 선물하는 셈 치고 특별히 싸게 주는 거야."

"정말요? 와, 고맙습니다!"

내가 80만 원밖에 없다고 했다면 아마 80만 원에 팔았을 거다. 그때는 인터넷도 없어서 일본산 중고 오디오의 시세를 확인할 길이 없었으니까. 그래도 세상을 다 가진 것 같았다. 그렇게 해서 나는 켄우드 컴포넌트 시스템으로 본격적인 오디오 라이프를 시작했다.

연극 〈항소이유서〉

1986년 3월. 대학에 갓 입학한 새내기에게 교정은 낭만은커녕 최루탄 냄새만 가득한 살벌한 곳이었다. 일주일에 두어 번은 화염병도 날아다니는 전쟁터였다. '데모하는 선배들과 어울리지 말라'고 신신당부하던 부모님의 말씀을 가슴에 꼭 새기면서 나는 한동안 선배들을 피해 다녔다.

그런데 4월 초, 학과 전체 MT를 앞두고 3학년 선배 한 명이 1학년 강의실에 들어왔다. MT에서 30분짜리 간단한 연극을 하려는데 신입생 배우들을 모집한다는 얘기였다. 재미있을 것 같았다. 다음 날 연극을 해보고 싶어서 모인 대여섯 명의 신입생들에게 그 선배는 A4 용지 몇 장을 나눠 줬다. 처음엔 대본인 줄 알았다. 제목은 '항소이유서'였다. 나는 항소이유서의 뜻이 뭔지도 몰랐다. 선배가 아무렇지도 않게 말했다.

"지금은 감옥에 있는 선배 한 명이 작년에 쓴 글이거든. 이걸로 연극을 만들려고 하니까 다들 읽어봐라."

우리는 그 글을 읽고 너나없이 충격에 빠졌다. 우리 학교에서 이런 일이 벌어졌었구나. '항소이유서'는 구구절절 가슴을 두드리는 명문장이었다. 특히 그 유명한 마지막 대목을 읽을 때는 눈물을 글썽일 정도였으니까.

본 피고인은

지금도 자신의 손이 결코 폭력에 사용된 적이 없으며,

자신이 변함없이 온화한 성격의 소유자임을 의심치 않습니다.

그러므로 늙으신 어머께서 아들의 고난을 슬퍼하며

을씨년스러운 법정 한 귀퉁이에서,

기다란 구치소의 담장 아래서 눈물짓고 계신다는

단 하나 가슴 아픈 일을 제외하면,

몸은 0.7평의 독방에 갇혀 있지만

본 피고인의 마음은 늘 평화롭고 행복합니다.

빛나는 미래를 생각할 때마다 가슴 설레던

열아홉 살의 소년이 7년이 지난 지금

용서받을 수 없는 폭력배처럼 비난받게 된 것은

결코 온순한 소년이 포악한 청년으로 성장했기 때문이 아니라,

이 시대가 '가장 온순한 인간들 중에서

가장 열렬한 투사를 만들어내는'

부정한 시대이기 때문입니다.

본 피고인이 지난 7년간 거쳐온 삶의 여정은

결코 특수한 예외가 아니라

이 시대의 모든 학생들이 공유하는 보편적 경험입니다.

본 피고인은 이 시대의 모든 양심과 함께하는

'민주주의에 대한 믿음'에 비추어,

정통성도 효율성도 갖지 못한 군사독재 정권에 저항하여,
민주제도의 회복을 요구하는 학생운동이야말로
가위눌린 민중의 혼을 흔들어 깨우는
새벽 종소리임을 확신하는 바입니다.
오늘은 군사독재에 맞서 용감하게 투쟁한
위대한 광주민중항쟁의 횃불이 마지막으로 타올랐던 날이며,
벗이요 동지인 고 김태훈 열사가 아크로폴리스의 잿빛 계단을
순결한 피로 적신 채 꽃잎처럼 떨어져간 바로 그날이며,
번뇌에 허덕이는 인간을 구원하기 위해
부처님께서 세상에 오신 날입니다.
이 성스러운 날에 인간 해방을 위한 투쟁에 몸 바치고 가신
숱한 넋들을 기리면서
작으나마 정성 들여 적은 이 글이
감추어진 진실을 드러내는 데
조금이라도 보탬이 될 것을 기원해봅니다.
모순투성이이기 때문에
더욱더 내 나라를 사랑하는 본 피고인은,
불의가 횡행하는 시대라면
언제 어디서나 타당한 격언인
네크라소프의 시구로
이 보잘것없는 독백을 마치고자 합니다.

"슬픔도 노여움도 없이 살아가는 자는
조국을 사랑하고 있지 않다."

1985년 5월 27일
유 시 민

감동에 젖어 있는 우리에게 선배는 다시 쿨하게 말했다.
"혹시 글 내용이 맘에 안 들거나 내가 너희들 데모하라고 선동하는 것같이 보이면 지금 연극을 그만둬도 좋다. 하고 싶은 사람만 해라."
선배의 작전은 보기 좋게 성공이었다. 우리는 입을 모아 대답했다.
"열심히 하겠습니다!"
연극은 '항소이유서' 내용 그대로였다. 가난하고 평범한 시골 법대생이 점차 사회 모순에 눈을 뜨면서 독재에 항거하는 운동권 학생이 되었다가 결국 감옥에 가는 얘기였다. 나는 주인공 유시민 역을 맡고 싶었다. 하지만 연출을 맡았던 선배는 내가 1백81센티미터에 90킬로그램이 넘는 체구를 가졌다는 이유로 잔인하게 내 희망을 짓밟았다. 선배가 내게 조심스럽게 말했다.
"배 나온 유시민은 좀 그렇지 않니?"

결국 유시민 역은 나보다 훨씬 날씬하고 얼굴도 잘생긴 친구에게 돌아갔다. 그리고 나는 1막에서는 유시민에게 나이트클럽에 가자고 꾀는 날라리 친구 역할, 2막에서는 유시민을 연행하는 경찰 역을 맡아야만 했다.

학과 MT에서 연극은 호평을 받았다. 유시민 역을 맡았던 친구와 나는 그 후 친한 친구가 됐다. 그리고 몇 년 뒤, 우리는 MBC에 입사했다. 그 친구는 드라마 PD, 나는 기자였다. 지금은 둘 다 MBC를 떠나 있다. 나는 김재철 사장에게 잘렸고, 그 친구 역시 김재철 치하에서 드라마 만드는 게 싫다고 사표를 내버렸다.

예전에 기자 생활을 할 때 유시민 씨를 몇 번 만났는데 당신의 '항소이유서'로 연극을 했었다는 말을 할까 말까 망설이다가 결국 못 했던 기억이 난다. 다음에 행여 만나면 꼭 이 말을 해주고 싶다.
"선배 때문에 내 인생이 이렇게 꼬였거든요. 내 인생 돌리도!"

연애보다 음악, 데모보다 오디오

다시 대학 시절로 돌아가자. 유시민의 '항소이유서'를 감명 깊게 읽고 네크라소프의 격언을 늘 가슴에 품긴 했지만 나는 이른바 '운동

권'이 되지는 못했다. 아마 겁이 많아서 그랬던 것 같다. 시위도 그냥 딱 남들 하는 만큼만 했을 뿐이다. 백만 명의 학생과 회사원이 거리로 쏟아져 나왔던 1987년 6월 대항쟁 때도 한 번도 앞쪽에서 돌을 던져보지는 못했다. 전경들이 쫓아오면 그냥 이리저리 도망다니기만 했을 뿐. 유시민 선배처럼 '가장 온순한 인간에서 가장 열렬한 투사로 변신'하는 친구들이 많았지만 나는 껍질을 깨지 못하고 그냥 온순한 대학생으로 머물러 있었다.

대신 기타 치며 노래하는 걸 좋아했다. 교내 집회가 열리는 날에도 잔디밭 한구석에서 기타를 치다가 선배에게 들켜 핀잔을 들었던 기억도 있다. 학교에서 돌아오면 켄우드로 LP를 들으며 시간을 보냈다. 좋은 음반이 나오면 친구들에게 녹음해서 선물하는 것도 잊지 않았다. 어느 날 학생운동을 열심히 하던 한 친구가 술자리에서 내게 말했다.

"성제 너 베짱이 같다고 애들이 그러는 거 아냐?"

"그게 무슨 소리야?"

"《이솝 우화》에 나오는 베짱이 말이야. 맨날 학교에 기타나 들고 다니고…… 근데 꽃이 아름답다고 노래하는 건 다른 더러운 것들을 모르는 척하는 것과 마찬가지거든. 그래서 순수문학을 죄라고 하는 거잖아. 너무 귀담아듣진 마라. 난 그냥 네가 안타까워서 그래."

귀담아듣진 말라고 했지만 기분이 좋지 않았다. 그렇다고 대꾸할 말도 마땅치 않았다. 사실 틀린 말도 아니었다. 난 음악밖에 몰랐으니까. 음악은 내 모든 에너지의 원천이었다. 지하철 안에서도 음악을 들었고, 공부할 때도 음악을 들었고, 심지어 미팅에 나가서도 파트너가 음악에 관심 없는 여학생이면 흥미를 잃었다. 그러다 보니 변변한 여자친구 하나 없이 4년을 지냈지만 전혀 외롭지 않았다. 들국화, 시인과 촌장, 레드 제플린, 핑크 플로이드 형님들이 있었으니까. 만약 내가 기타를 좀 더 잘 쳤거나 작곡에 소질이 있었다면 아마 뮤지션이 됐을 테지만 그 정도 수준은 아니었다. 대신 나는 음악을 듣는 것에 몰입했고 그러다 보니 음악을 더 좋은 사운드로 듣기 위해 오디오 바꿈질이라는 치명적인 취미에 빠져들었다. 덕분에 켄우드 시스템도 3년을 버티지 못하고 세운상가에 팔려나갔다. 대신 다른 브랜드의 중고 턴테이블, 앰프, 스피커가 번갈아 가며 내 방 한구석을 차지하기 시작했다.

졸업 후 언론고시에 도전했다. 대학원에 가서 공부를 계속하기도 싫었고, 대기업에 들어가긴 더 싫었다. 그냥 기자가 멋있어 보였다. 한때 경제 신문 기자였던 아버지의 영향도 있었다. 기자가 되는 길은 만만치 않았다. 2년 가까이 나름 열심히 공부했지만 〈한국일보〉, 〈중앙일보〉, 〈동아일보〉, KBS, SBS 입사 시험에서 차례로 낙방했다. 1993년 가을, 이번이 마지막이라는 심정으로 MBC에 지원했다. 다행히 필기시험, 합숙 평가, 논술, 실무 면접에 차례로 합격했다. 최종 관문인 임원진 면접에서 MBC 사장이 돋보기안경 너머로 내 얼굴을 쳐다보며 물었다.

"김지하 시인에 대해 어떻게 생각하는지 말해보세요."

국문학과 졸업으로 적혀 있는 자기소개서를 보고 일종의 성향 테스트를 한 셈이었다. 예상 목록에 없던 질문이라 순간 당황했지만 잠시 생각한 후 나는 침착하게 대답했다.

"국문학도로서 70년대 군사독재 시절에 그가 보여줬던 저항시의 시대적인 가치를 높이 평가합니다. 하지만 지금 그분이 생명운동에 전념하고 있는 것 또한 중요한 업적이 될 겁니다. 지금은 독재가 아니라 문민정부 시대니까요."

사장이 그제야 눈에 힘을 풀고 고개를 끄덕였다. 순간 나는 합격을 확신했다. 만약 김지하 시인의 행보를 두고 '변절' 같은 단어를 사용했다면 아마 MBC에 입사하지 못했을 거라고 생각한다. 1993년 말, 그렇게 MBC 보도국 26기 기자가 됐다.

3년 만에 뽑은 후배라고 선배들은 우리 기수를 꽤 귀여워했다. 그래도 6개월간의 수습기자 생활은 고달팠다. 어느 언론사나 비슷하겠지만 MBC 수습기자 교육 역시 상당히 엄한 편이었다. 사회부 선배들은 매일 새벽부터 밤까지 우리를 잠시도 내버려두질 않았다. 새벽 4시부터 7시까지는 서울 시내 경찰서를 서너 군데씩 돌아다니면서 사건 사고를 체크했다. 아침을 먹고 나서는 '나와바리'(취재 담당 구역) 안에 있는 시민단체 사무실이나 대학교로 이동해서 무슨 기삿거리가 없나 쑤시고 다녔다. 그러다 오후가 되면 제보자를 만나거나 기획 뉴스거리를 찾아 거리를 헤매야만 한다. 파김치가 된 몸을 이끌고 오후 6시쯤 회사로 돌아와서 1진 선배에게 그날 하루 동안 취재한 내용을 보고하고 연습 기사를 작성한다. 기사의 팩트가 부실하거나 문장의 앞뒤가 맞지 않으면 으레 가혹한 지적과 호통이 이어지곤 했다. 밤 9시가 되면 모여 앉아서 〈뉴스데스크〉를 모니터하고 뉴스 내용에 대해 토론했다. 뉴스가 끝나면 선배들은 우리를 다시 회사 앞 호프집으로 데려가 폭탄주를 먹였다. 피로와 취기에 비몽사몽이 된 우리에게 폭탄주를 건네며 어느 선배가 말했다.

"어이, 수습! 기자가 뭐 하는 직업인 줄 알아?"

"새로운 정보를 찾아 뉴스로 만들어서 시청자들에게 전하는 일 아닙니까?"

"새로운 정보? 웃기고 있네. 그따위 정신으로 기자 하려면 당장 그만둬, 인마."

"그럼 기자가 뭐 하는 건데요?"

"잘 들어. 기자는 말이야, 힘센 놈과 싸우는 직업이야. 우리나라에서 힘센 놈들이 누군지 알지? 청와대, 여당, 검찰, 재벌, 이런 놈들이야. 우리가 이런 놈들하고 한판 붙어서 힘없는 밥풀때기 서민들의 목소리를 대변해야 하는 거야. 언론이 힘센 놈들하고 싸워주지 않으면 밥풀때기들은 늘 당할 수밖에 없거든."

센 놈들과 싸우기 위해, 선배들은 1987년에 방송사 최초로 노동조합을 만들었다고 자랑하곤 했다. 군사정권의 서슬이 시퍼렇던 시절, 밤 9시마다 '땡전 뉴스'를 내보내는 게 부끄러워서 노조를 만들었단다. 기자 한 명 한 명은 약한 존재였지만 노조의 힘으로 뭉쳐서 정권과 싸우고 파업도 불사하면서 지금의 MBC 뉴스를 만들었다고 했다. 내가 입사하기 바로 전 해인 1992년에는 낙하산 사장과 싸우고 공정 보도를 쟁취하기 위해 무려 50일 동안이나 파업을 벌였다고 했다. 그렇게 심각한 설교를 들으면서 나는 엉뚱한 궁금증이 일었다.

"50일이나 파업했으면 월급은 어떻게 받았어요?"

"당연히 한 푼도 못 받았지. 그깟 월급이 문제냐? 뉴스 똑바로 하자고 파업했는데 월급 몇 푼 못 받으면 어때? 구속되고 해고된 선배들도 있는데. 우린 그런 정신으로 싸웠어. 너희도 잊지 마라. 우리나라 언론 자유는 아직도 멀었어. 또 언제 파업하고 싸워야 할지 몰라. 편하게 월급 받으면서 회사원으로 살려면 당장 사표 내고 대기업에 취직해."

자못 비장한 선배들의 엄포를 나는 적당히 맞장구쳐주며 한 귀로 흘려 넘겼다. 공정 보도나 파업 같은 이슈는 뉴스 데뷔를 준비하는 수습기자에겐 그다지 와 닿지 않는 얘기였다.

귀에 익숙한 〈뉴스데스크〉 시그널이 울리고 엄기영 앵커가 '박성제 기자'를 소개한다. 그러면 깔끔한 양복을 입은 내가 TV 화면에 척 등장한다. 그리고 수백만 시청자들에게 여유 있는 표정으로 뉴스를 또박또박 전해나간다. 생각만 해도 멋지지 않은가. 수습 기간 6개월을 그 순간만을 기다리면서 버텨왔다. 내 관심은 오로지 그것뿐이었다.

'파업악사'가 되기로 결심하다

그러나 예상과는 달리 나의 사회부 기자 생활은 깔끔하지도 않았고 여유도 없었다. 90년대 중반의 한국 사회는 말 그대로 사건 사고의 왕국이었다. 출근길에 한강 다리가 무너지고 강남 한복판에서 백화점이 흔적도 없이 붕괴되는가 하면 살인마 집단이 출몰해서 부자들을 납치하고 살인하는 등 나라가 하루도 편할 날이 없었다. 대형 사건 사고가 한 달이 멀다 하고 끝없이 이어지자 MBC 〈뉴스데스크〉와 KBS 〈9시 뉴스〉는 전쟁에 돌입했다. 어지간한 사건 사고 뉴스는 무조건 톱 블록으로 올라가고 메인 뉴스의 절반이 사건 사고 소식으로 도배되는 지경에 이르렀다. 나와 내 동기들은 일주일에 대여섯 꼭지씩, 거의 매일같이 사건 사고 리포트를 제작해야만 했다. 그러다가 뉴스 시청률이 KBS에 밀리면 다음날 보도국장이 난리를 쳤고 사회부장은 '시경캡'(서울지방경찰청 출입기자)을, 시경캡은 다시 사건기자들을 들들 볶았다. 당시 MBC 보도국 편집회의의 화두는 늘 똑같았다.

1995년 여름, 삼풍백화점 붕괴 현장에서 뉴스를 전하는 모습.
MBC에 입사한 지 2년도 채 안 된 사회부 막내 기자였지만 워낙 대형 사건 사고가 많던 시절이라 거의 매일 〈뉴스데스크〉에 리포트를 해야만 했다.

1996년 가을, 강릉 잠수함 무장공비 토벌 작전 현장.
당시 작전 지역이던 칠성산에서 생방송으로 뉴스를 전하고 있다. 작전에 투입된 군 장병들과 함께 일주일 동안 숙식을 함께하며 취재하던 기억이 생생하다.

아마 KBS나 SBS도 비슷했을 것으로 추정된다.

"뭐 화끈하고 그림 되는 아이템 없을까?"

그리고 그 화두는 지금도 변함없이 방송 뉴스를 지배하고 있다.

사회부 막내이자 사건기자로서의 피곤한 생활에 체력이 바닥날 무렵, 노동조합이 공정 보도 쟁취와 사장 퇴진을 내걸고 파업에 돌입했다. 선배들이 시키는 대로 노조에 가입했던 우리는 마이크를 내려놓고 '민주의 터'로 불리던 회사 1층 로비에 모여 앉았다. 처음 며칠은 일을 안 해도 된다는 해방감에 무척 즐거웠다. 오전 10시부터 두어 시간 집회를 하다가 점심 먹고, 다시 오후에는 거리로 나가 홍보물을 돌리면 4시쯤 하루 일과가 끝이 났다. 그다음엔 선후배들과 당구를 치거나 술을 마시며 토론을 하곤 했다.

그러던 어느 날, 집회에서 부르는 파업가나 민중가요의 반주에 신경이 쓰이기 시작했다. 당시 노조 집행부는 길거리에서 파는 민중가요 반주 CD에 담긴 음악을 틀어놓고 집회를 진행했는데 내 귀에는 영 촌스럽게 들렸다. 음조의 높낮이를 조절할 수도 없어서 높이 올라가는 곡의 경우 노래를 부르는 조합원들이 힘들어했다. 차라리 통기타 반주로 노래를 하는 게 훨씬 낫겠다는 생각이 들었다. 나는 조합 사무실을 찾아가 집회 진행을 담당하던 선배에게 물었다.

"혹시 노조 집행부에 기타 칠 줄 아는 분은 없나요?"

"없는데. 왜 그러는데?"

"제가 기타를 좀 치는데요, 집회에서 CD 대신 통기타로 반주를 하면 더 신나고 재미있게 노래할 수 있을 것 같아서요."

"그래? 너 CD에 있는 노래 다 반주할 수 있어?"

"그럼요. 대학 때 많이 부르던 노래들이잖아요. 어렵지 않습니다."

"잘됐다. 그럼 내일부터 네가 기타 반주해라."

다음날부터 나는 집회를 할 때마다 앞에 나가서 기타를 잡았다. 대학 졸업 후 오랜만에 통기타 반주로 노래를 부를 수 있게 된 선배들은 꽤 즐거워했다. 그때부터 MBC 노조원들 사이에서 나는 '파업 악사'라 불렸다. 그 별명이 썩 맘에 들었다. 프로가 될 실력은 못 될지언정 회사 파업 때만이라도 대중들 앞에서 연주를 할 수 있다는 건 마치 뮤지션의 꿈을 이룬 듯한 뿌듯함을 안겨줬다.

MBC의 보도국장들은
후배들을 두려워했다

1997년, 나는 3년간의 사회부 기자 생활을 마치고 카메라출동 팀에서 일하고 있었다. 어느 날 내게 제보자가 한 명 찾아왔다. 국내 굴지의 대기업에서 간부를 지낸 인물이었다. 제보 내용은 꽤 흥미로웠다. 그 기업 총수인 K회장이 짓고 있던 대저택에 실정법을 위반한 부분이 많다는 내용이었다. 나는 부장에게 보고하고 즉시 취재를 시작했다. 두 주간의 취재를 통해 불법 사실을 일일이 확인하고 4분짜리 카메라출동 리포트를 거의 완성했다. 그런데 보도국장이 갑자기 취재 중단을 지시했다. 볼 것도 없이 K회장 측의 로비 때문이었다. 나는 국장실을 찾아갔다.

"왜 기사를 낼 수 없다는 겁니까?"

"본부장 지시야. 자네가 좀 이해해줄 수 없나?"

"이해 못 하겠습니다. 보도하게 해주십시오."

"얘기했잖아, 안 된다고. 내가 결정할 사항이 아니야. 왜 그렇게 말을 못 알아들어?"

쫓겨나듯 국장실을 나온 나는 분통이 터졌지만 방법이 없었다. 기사의 최종 출고권을 가진 보도국장이 뉴스를 못 내겠다는데 입사 4년 차 젊은 기자가 어떻게 저항하겠는가? 나 혼자의 힘으로는 도저히 해결할 수 없는 문제였다. 답은 하나밖에 없었다. 나는 노조 사무실로 달려갔다.

MBC 노조에는 민주언론실천위원회(이하 민실위)라는 조직이 있다. 기자 개인이 대응하기 힘든 불공정한 보도 사례가 발생할 경우 회사를 상대로 적극 대응하기 위해 만들어진 조직이었다. 민실위 간사를 맡고 있던 선배는 즉각 내 사례를 노보를 통해 공개하고 보도본부장을 찾아가 강력하게 항의했다. 다음날 보도본부장이 나를 불렀다. 본부장은 내 고교 선배였다.

"성제야, 이번 한 번만 참아다오. 고등학교 선배로서 부탁하마."

본부장이 학연까지 들먹이며 간절한 어조로 말하자 마음이 약해졌다. 하지만 그것도 잠시, 이내 분노가 치밀어올랐다.

"본부장님, 왜 제가 참아야 합니까? 그렇게 못 합니다. 기사 안 내주시면 저 혼자서라도 싸우겠습니다."

본부장실을 박차고 나온 그날부터 노조 사무실에 앉아 농성을 시작했다. 어디서 그런 용기가 솟아올랐을까? 지금도 알 수 없다. 그때는 그냥 화가 많이 났고, 자존심을 다쳤다고 느꼈던 것 같다. 끝까지 싸워서 기사를 내야 한다는 생각뿐이었다. 그 배경에는 노조가 나를 지켜줄 거라는 든든한 믿음도 있었을 것이다. 농성을 벌인 지 일주일 만에 결국 보도국장이 전화를 걸어왔다.

"그 기사 내기로 했다. 대신 조금만 다듬어서 내자. 그 정도는 해 줄 수 있지?"

결국 K회장의 불법 건축물을 고발하는 4분짜리 기사는 3분쯤으로 축소되어 〈뉴스데스크〉 전파를 탔다. 불만이 없었던 건 아니지만 그렇게라도 기사를 냈다는 사실에 만족하며 나는 업무에 복귀했다.

돌이켜 보면 당시의 MBC 선배들에겐 일종의 선비정신 같은 게 있었던 것 같다. 민감한 기사에 가해지는 정권의 압력이나 대기업의 로비는 지금보다 훨씬 노골적이었다. 청와대 수석이나 집권 여당의 실력자들이 뻔뻔스럽게 보도국장, 정치부장에게 직접 전화를 걸어 기사를 빼라 마라 할 정도였으니까. 하지만 그런 압력이나 로비에 어쩔 수 없이 굴복하더라도 언론인으로서 최소한의 양심은 지키는 간부들이 많았다. 내가 겪었던 보도국장들 역시 대부분 사장의 지시보다는 후배들의 시선을 더 두려워했던 분들이다. K회장 관련 보도가 방송을 탈 수 있었던 것도 그 때문이었다. 그런 전통이 오랫동안 쌓여 MBC 뉴스에 대한 시청자들의 신뢰의 탑을 만들었을 것이다. 김재철 사장 취임 후 단 2년 만에 스러져버린 모래성 같은 탑이었지만.

파업악사, 취재원들과 필드를 누비다

1999년 가을, MBC 노조는 김대중 정부가 추진하던 방송법 개악을 저지하기 위해 다시 파업에 들어갔다. 나는 또다시 파업악사가 되어 기타를 잡고 집회 진행을 도왔다. 어느 날 파업 지도부의 한 명이었던 선배가 내게 말했다.

"어제 집행부 술자리에서 네 얘기가 나왔어."

"무슨 얘기인데요?"

"언젠가 박성제가 MBC 노조위원장을 한 번 할 거라고 말이야. 다들 동의하던데."

"에이, 농담 마세요. 제가 무슨 노조위원장을 해요?"

나는 손사래를 쳤지만 선배는 웃으며 덧붙였다.

"노조위원장이 뭐 별것 있냐? 다들 그렇게 노조 활동 열심히 하다가 위원장도 하고 그러는 거지."

나는 선배의 예언을 애써 무시해버렸다. 학생운동을 한 적도 없고, 희생정신도 없고, 사명감도 부족한 나 같은 베짱이가 노조위원장이라니, 말도 안 되는 이야기였다.

그 후로도 내 기자 생활은 순탄하게 흘러갔다. 나는 카메라출동팀을 졸업하고 정치부 정당 팀을 거쳐 벤처 산업을 취재하는 정보통신부 출입기자를 지내다가, 나중엔 경제부로 자리를 옮겨 삼성과 현대자동차 그룹까지 담당하게 됐다. 언론계에서 흔히 잘나간다는 기자들이 거치는 쟁쟁한 출입처들이었다. 그런 출입처에서 만나는 정치인이나 대기업 임원 들은 기자들과 골프 약속을 많이 잡았다. 나도 자연스럽게 골프를 배우고 필드를 나가기 시작했다. 그린피와 식삿값은 당연히 취재원들의 몫이었다. 자유민주연합에 출입할 때는 김종필 총재가 주최하는 출입기자 골프 대회에서 버디를 했다고 상품으로 수십만 원짜리 골프채를 받은 적도 있다. 지금도 그렇지만 당시에도 일부 양식 있는 기자들은 취재원이 제공하는 골프를 향응으로 규정하며 터부시했다. 그래도 나는 별로 양심의 가책을 느끼지 못했다. 다른 기자들도 다 치는데 나만 고고한 척 골프 안 친다고 모임에 빠지면 오히려 취재를 소홀히 하는 게 아닌가, 촌지만 안 받으면 되는 거 아냐? 이렇게 스스로 합리화하면서 골프장으로 향했다.

2003년 삼성, 현대를 출입하면서 도쿄 출장 중에 리포트하는 모습.
경제부 기자답게 단정한 양복을 입고 있다. 입사 10년 차로 매사에 자신감 넘치고 의기양양하던 시절이었다.

2005년에는 회사의 배려로 가족과 함께 미국 연수를 갈 기회가 생겼다. 노스캐롤라이나 주에 있는 듀크대에서 객원연구원으로 지내면서 1년간 재충전을 할 수 있는 황금 같은 기간이었다. 듣던 대로 미국 남부는 골프의 천국이었다. 함께 연수를 온 언론사 선후배들과 어울려 일주일에 서너 번씩 골프장을 들락거렸다. 노스캐롤라이나 주의 명문 골프장은 한두 번씩 다 가봤을 정도였으니까. 내 골프 실력은 일취월장해서 연수가 끝나갈 무렵에는 가끔씩 싱글스코어까지 기록하게 됐다. 귀국 후 보도국에 복귀하자 내 골프 실력에 감탄한 취재원들은 예전보다 자주 나를 골프장으로 초대했다. 그럴 때마다 나는 미국에서 사 온 상급자용 골프채를 꺼내 들고 의기양양하게 샷을 날렸다. 골프가 끝나면 으레 술자리가 이어졌다. 폭탄주를 주고받으면서 취재원들과의 관계는 나날이 돈독해졌다.

    '골프 잘 치고 술 잘 마시고 사람 좋은 한량 기자.'

    아마도 2006년의 MBC 기자 박성제를 기억하는 취재원들은 그렇게 말할 것이다. 적어도 그해 겨울, 내 인생이 꼬이기 시작하기 전까지는 말이다.

그래서 말인데…
박 기자가 하면 안 될까?

2007년 1월 중순쯤으로 기억한다. 당시 나는 기획취재부 차장으로 일하면서 기자회장직을 겸하고 있었다. 기자회는 보도국 기자들의 복지와 친목을 위한 조직이었다. 기자회장은 입사 순서대로 내려가면서 기수별 대표가 맡는 것이 관행이었는데, 동기들 중에 먼저 해외 연수를 다녀왔다는 이유로 내가 회장직을 떠맡았다.

퇴근 준비를 하고 있을 무렵, 전화가 걸려왔다. 김상훈 노조위원장이었다.

"박 기자, 긴히 할 얘기가 있는데 차 한잔 할 수 있어?"

김상훈 위원장은 엔지니어 출신으로 나보다 6년이나 먼저 입사한 선배였다. 나는 아무 생각 없이 1층에 있는 노조 사무실로 내려갔다. 김 선배는 진지한 표정으로 용건을 꺼냈다.

"다음 달에 차기 위원장 후보를 정해야 하는 거 알지?"

나는 어리둥절한 표정으로 되물었다.

"알긴 아는데요, 차기 위원장은 경영 부문에서 할 차례 아닌가요?"

"그건 그런데…… 경영 쪽에서 사람이 없다고 난색을 표하고 있거든. 아무래도 기자 중에서 위원장이 나와야 할 것 같은데, 좋은 사람 없을까?"

"글쎄요, 우리 선배들 중에 노조위원장감은 꽤 있지만 누가 선뜻 하려고 할까요?"

난감해하는 내 얼굴을 보며 김 선배의 눈빛이 더 심각해졌다.

잠시 뜸을 들이다가 김 선배가 말했다.

"그래서 말인데…… 박 기자가 하면 안 될까?"

"예? 뭘요?"

"노조위원장 말이야. 내가 보기엔 당신이 적임자야."

"지금 무슨 소리를 하는 겁니까? 저보고 위원장을 하라니요. 쟁쟁한 선배들이 있는데 제가 깜냥이나 됩니까? 전 못 합니다."

나는 단칼에 거절했지만 김 선배는 물러서지 않았다.

"왜 깜냥이 안 돼? 지금은 오히려 박 기자처럼 융통성 있는 스타일이 위원장감으로 딱이야. 요즘 젊은 조합원들은 너무 외골수로 노조 활동만 한 사람보다는 어느 한쪽에 치우치지 않는 균형 감각이 있는 선배들을 더 좋아하거든."

"저 설득하려고 듣기 좋은 말 해봤자 소용없습니다. 전 위원장 안 한다니까요."

내 완강한 태도에 김 선배가 한 발 물러섰다.

"그럼 박 기자가 기자회장이니까 보도국에서 후보를 내봐. 단, 아무도 안 한다고 하면 당신이 해야 돼."

"그럴 일은 없을 겁니다. 아무튼 일주일쯤 시간을 주세요. 제가 선배 몇 명 만나서 상의해볼 테니까."

일단 큰소리를 치고 노조 사무실을 나왔지만 마음 한구석이 무겁게 내려앉았다. 차기 위원장을 내세우는 일이 쉽지 않을 거라는 걱정 때문이었다. 경영 부문에서 사람이 없다고 고사한 이유는 어렵지 않게 짐작할 수 있었다. 2007년은 대선이 있는 해였다. 임기 마지막 1년을 남겨놓고, 노무현 정부와 열린우리당의 인기는 바닥이었고 한나라당으로의 정권 교체는 불을 보듯 뻔한 일이었다. 다음 대통령은 이명박 아니면 박근혜, 두 정치인 중 한 명이 될 거라고 누구나 말하고 있었다. 이 판국에 MBC 노조위원장의 임기는 2년. 다시 말해 후반기 임기 1년은 한나라당 정권 아래서 보내야 한다는 얘기였다.

문제는 한나라당이 집권하면 MBC를 가만 놔두지 않을 거라는 점이었다. 한나라당은 2002년 대선에서 방송사들이 노무현 후보를 위해 편파 보도를 하는 바람에 이회창 후보가 패배했고, 2004년 탄

핵 방송 역시 편파적으로 내보내 총선에서 한나라당이 패배했다고 철석같이 믿고 있었다. 방송사들 입장에서는 황당하고 말도 안 되는 주장이었지만 한나라당은 방송에 대한 피해의식을 넘어 노골적인 적개심을 반복해서 드러내고 있었다. 특히 일부 한나라당 의원들은 편파 보도의 주범으로 MBC를 꼽으면서 집권하면 민영화시켜야 한다고 공공연히 말하곤 했다. 그를 위해 집권 즉시 낙하산 사장을 보내 MBC를 장악하려 들 거라는 건 쉽게 예상되는 수순이었다.

결국 이번에 노조위원장의 십자가를 지는 사람은 이듬해부터 MBC 민영화와 낙하산 사장에게 맞서는 중대한 싸움에 직면하게 될 터였다. 그리고 그 싸움은 결코 이기기 쉽지 않을 뿐 아니라 당장은 예상할 수 없을 정도로 큰 희생을 요구할 수도 있었다. 여기까지 생각이 미치자 가슴이 더욱 답답해졌다.

걱정했던 대로였다. 보도국에서 노조위원장 후보를 내는 일은 여의치 않았다. 후배들에게 인기도 있고 노조 활동도 열심히 했던 몇몇 선배를 찾아가 조심스럽게 제안을 해봤지만 하나같이 미안해하며 거절했다. 당연한 일이었다. 태평성대에도 힘든 자리가 MBC 노조위원장인데 거친 풍랑이 뻔히 예상되는 형국에 누가 앞장서서 총대를 메려고 하겠는가. 어떤 선배는 며칠만 생각할 시간을 달라면서 고민하는 모습을 보여 내 애간장을 태우기도 했다. 결국 사흘 만에 도저히 안 되겠다며 고사했지만.

여기서 잠깐 MBC 노조의 위원장 선출 관행에 대해 설명해야 할 것 같다. 다른 노동조합과 마찬가지로 MBC 역시 조합원들의 직접투표로 위원장을 뽑는다. 다만 특이한 것은 1987년 노조 출범 이후 27년이 다 되도록 위원장 선거에서 한 번도 경선을 한 적이 없다는 점이다. 언제나 단 한 명의 후보가 단독으로 출마해 찬반 투표를 거쳐 당선됐다. 왜 한 명만 출마하느냐고? 이유는 간단하다. 아무도 노조위원장을 하고 싶어하지 않기 때문이다. MBC의 역대 노조위원장들 중 절반 이상이 언론을 장악하려는 권력과 맞서 싸우다 해고되거나, 정직되거나, 때로는 구속되는 고초를 겪었으니까. 누가 나서려 하겠는가.

그러다 보니 이상한 전통이 생겼다. 기자, PD, 기술, 경영의 네 부문 직군에서 2년마다 번갈아 가며 의무적으로 한 명씩 위원장을 배출하는 것이다. 자기 부문 차례가 되면 선배들이 위원장감으로 적당한 인물을 고른 다음 고난의 십자가를 질 것을 설득하고 강요하는 거다. 심지어 말을 잘 안 들으면 술집으로 끌고 가 밤새 술을 퍼먹인 다음 비몽사몽간에 억지로 수락을 받아내는 경우도 있었다고 한다. 참으로 비정한 전통이지만 그것이 MBC 노조의 강한 단결력의 원천이기도 하다. 생기는 건 없고 오로지 희생뿐인 자리, 그래서 아무도 위원장직을 맡으려 하지 않는다는 것을 조합원 모두가 잘 알기 때문에, 어렵사리 후보가 만들어지면 압도적인 찬성률로 당선시켜준다. 억지로 위원장을 시킨 대신 모든 힘을 실어주는 것이다.

김상훈 위원장에게 약속했던 시한인 일주일이 다돼가면서 내 고민과 번뇌는 점점 깊어졌다. 일도 손에 잡히지 않고 흡연실에서 보내는 시간이 많아졌다. 이러다 정말 내가 나서야 하는 거 아냐? 나는 스스로에게 물어보았다. 내가 노조를 이끌어갈 경륜이나 자격이 있나? 아니면 언론 민주주의와 공정 보도 운동에 대한 투철한 신념을 지녔나? 답은 'NO'였다. 안 돼. 난 못 해. 왜 내가 십자가를 져야 하지? 난 이제 입사한 지 13년밖에 안 됐어. 한창 〈뉴스데스크〉 리포트해야 할 나이라고. 게다가 기자는 지금쯤부터 경력 관리가 중요해. 괜찮은 출입처도 몇 군데 더 나가야 되고, 내후년쯤 특파원도 지원해야 하잖아. 게다가 노조위원장을 하면 앞으로 그 재미있는 골프도 관둬야 할걸. 아니, 골프가 문제가 아니야. 해고되거나 감방 가지 않으면 다행이지. 자칫하면 인생에 빨간 줄 쫙 그어지는 거야. 절대 안 돼.

생각할수록 내가 노조위원장으로 나서야 할 이유보다 나서면 안 되는 이유가 열 배는 더 많았다. 어느 날 밤, 혼자 술을 마시면서 고민하다가 평소 가까이 지내던 J선배의 집을 찾아갔다. 탁월한 판단력과 취재력의 소유자이자, 다정하고 쾌활한 성품으로 후배들에게 인기가 높아서 내가 늘 의지하던 선배였다. 내 상황을 털어놓고 조언을 구하자 J선배는 딱 잘라 말했다.

"네가 나설 필요 없어. 하지 마라."

"저야 당연히 하고 싶지 않지만 보도국에서 위원장을 못 내도 괜찮을까요? 기자들 비겁하다고 욕먹지 않겠어요?"

"체면은 안 서고 창피한 일이지만, 그렇다고 네가 십자가를 질 필요는 없는 거야. 선배들이 다 못 하겠다고 나자빠졌는데 네가 나서지 않는다고 뭐라 할 사람 아무도 없어."

노조 집행부까지 겪어본 J선배였다. 보도국에서 노조위원장을 내지 못한다는 게 어떤 상황인지 충분히 알고 있었겠지만 차마 아끼는 후배에게 십자가를 지우기 싫었을 것이다. 나도 내심 선배의 만류가 고마웠다. 다음날 나는 김상훈 위원장을 찾아가 제법 단호하게 말했다.

"죄송합니다. 보도국에는 아무래도 인물이 없네요. 이해해주세요."

김 선배는 안타까운 표정으로 다시 내게 부탁했다.

"기자들이 MBC 노조를 만들었잖아. 그래 놓고 기자들이 위원장을 못 내면 그건 노조를 버리는 거야."

"PD 쪽에다 위원장 하라고 하면 안 될까요?"

"기자가 꼬리 내리는데 PD라고 나서겠어? MBC 보도국에 그렇게 사람이 없단 말이야? 이대로 가면 노조 문 닫아야 돼. 박 기자 하면 되잖아. 당신은 누구보다 잘할 수 있어. 적임자라니까."

"휴…… 좀 더 생각해보고 다시 오겠습니다."

혹 떼러 갔다가 혹 붙인 격이었다. 차마 나도 염치가 없어서 못 하겠다고 말할 수가 없었다. 어쩌면 김 위원장은 처음부터 후임자로 나를 염두에 두고 작업을 한 게 아닌가 하는 생각도 들었다.

아무튼 위원장의 말에 반박할 논리가 없었다. 경영과 보도 부문에서 아무도 나서지 않으면, PD들 중에서라고 누가 나서겠는가. 결국 노동조합은 위기에 처하게 될 것 같았다. 기자들이 앞장서서 만든 노조 아닌가. 이 나라의 센 놈들과 싸우기 위해 만들었다는 노조 아닌가. 그런데 정말 힘센 권력과 제대로 된 싸움을 해야 하는 시기가 다가오고 있는데 천하의 MBC 노조에서 그게 무서워서 위원장 한 명 내지 못한다는 건 너무나 부끄러운 일 아닌가.

결단을 내려야 할 시간이 점점 다가오고 있었다. 내가 위원장을 하겠다고 나서든가 아니면 보도국은 앞으로 노조와 연을 끊겠다고 선언하든가, 둘 중 하나였다. 약속 시한 전날 밤, 아내에게 고민을 털어놓았다. 일간지 기자였던 아내는 내 모든 고민을 정확히 이해했다. 그리고 잠시 생각해보더니 뜻밖의 말을 했다.

"당신이 해야 할 것 같으면 해. 난 반대하지 않을게."

"정말? MBC 노조위원장이 어떤 자리인지 알고 하는 소리야?"

"왜 몰라. 우리 회사도 예전에 파업 여러 번 하고 싸워봤잖아. 위원장이 얼마나 중요한 자리인지 잘 알아."

펄쩍 뛰며 반대할 줄 알았던 아내가 의외로 쿨한 태도를 보이자 오히려 당황스러웠다.

"나 같은 평범한 기자가 잘할 수 있을까? 자신 없는데."

"당신이 왜 평범해? 일도 잘하고 놀기도 잘하는 흔치 않은 선배잖아. 너무 꽉 막힌 투사 스타일보다 당신처럼 사람들과 잘 어울리는 한량 스타일이 오히려 더 좋은 리더가 될 수 있어. 회사 안에서 당신에 대한 평판이 괜찮으니까 김 선배가 차기 위원장으로 당신을 찍은 거 아니겠어?"

아내의 격려에 마음이 조금 편안해졌다. 그래도 한 번 더 의중을 확인해봤다.

"위원장 하다가 잡혀갈지도 모르는데? 어쩌면 해고될 수도 있고."

"잡혀가긴 왜 잡혀가, 또 해고는 무슨 해고를 당한다고 그래? 지금이 어떤 세상인데. 그냥 언론인 인생에서 새로운 경험 해본다고 생각하면 되잖아. 위원장 2년 봉사한 다음 기자로 복귀해서 또 좋은 출입처 나가고 특파원도 하면 되지. 당신은 잘할 거야."

평범한 기자, 철없는 남편, 노조위원장이 되다

지금 돌이켜 생각해봐도 내가 노조위원장에 출마하겠다고 결단을 내린 데는 아내의 응원이 결정적인 역할을 한 것 같다. 아내는 늘 내 편이었고 내게 너그러웠다. 주말마다 아이들을 외면한 채 골프장으로 출근하고, 틈만 나면 오디오, 카메라 바꿈질에 열을 올리는 철없는 남편 때문에 속도 많이 상했을 터였다. 수백만 원짜리 마이너스 통장을 들킨 것도 서너 번은 된다. 그때마다 자신은 명품 백 하나 없이 사는데 너무한 거 아니냐고 몇 시간 잔소리를 들어야 했지만 심각한 부부싸움으로 이어진 적은 없었다. 아내는 같은 언론인 입장에서 봐도 본받을 만한 점이 많았다. 내가 아직 눈도 뜨지 않은 새벽 6시에 출근하면서 나보다 늦게 퇴근하는 날이 더 많은 석간신문 기자였지만 엄청난 양의 책을 읽는 독서광이었다. 1년에 백 권을 읽는다는 목표를 세워놓고 정말로 일주일에 두세 권씩 책을 사서 읽고 블로그에 꼬박꼬박 서평도 올렸다. 인터넷 도서 쇼핑몰이 선정하는 우수 블로거에도 몇 번이나 뽑혔을 정도다. 노조 간부가 잡혀가고 해고되는 세상은 이제 끝나고 민주화된 지 오래됐으니 염려 말라는 아내의 격려에 내가 용기를 얻었던 건, 아마도 책을 많이 읽는 아내의 세상 보는 눈이 나보다 나을 거라는 믿음이 작용했던 건 아닐까. 바뀐 세상과 민주주의에 대한 우리 부부의 믿음은 오래지 않아 결국 산산이 부서지고 말았지만.

다음날, 나는 김상훈 위원장을 찾아가 차기 위원장에 출마하겠다고 말했다. 김 선배는 무척 기뻐하면서도 미안해하고 또 고마워했다. 기쁨과 미안함과 고마움. 2년 동안 짊어지고 온 고난의 십자가를 후계자에게 넘기는 마음이다. 역대 노조위원장들만 알 수 있는 복잡한 심정.

"박 기자가 결심할 줄 알았어. 내가 사람 보는 눈은 있거든."
"선배, 그런 말로 위로하지 마세요. 하고 싶어서 하는 거 아니니까. 아무튼 앞으로 많이 도와주셔야 됩니다."

이왕 결심한 일, 망설이거나 시간 끄는 건 내 급한 성격과 맞지 않았다. 그날 저녁, 나는 입사 동기이자 엔지니어인 정영하를 불러냈다. 위원장과 함께 노조 집행부를 이끌 사무처장직을 맡아달라고 부탁하기 위해서였다. 정영하는 합리적이고 쾌활한 성품을 지닌 데다 업무 능력도 탁월해서 회사 내의 신망이 높은 동료였다. 정영하는 좌고우면하지 않고 흔쾌히 사무처장직을 수락해줬다. 나를 믿고 함께하겠다는 그의 말이 눈물 나게 고마웠다.

이어서 일사천리로 기별 대표회의를 소집했다. 후배들에게 노조위원장에 출마하기 위해 기자회장직을 사임한다고 알렸다. 걱정해주는 후배들의 얼굴을 바라보며 나는 애써 의연하게 당부했다.

"걱정들 마라. 설마 뭔 일 나겠냐. 대신 많이들 도와줘. 너희가 힘을 실어줘야 나도 노조 생활 잘하고 돌아올 수 있다."

후배들은 정말로 큰 힘을 실어줬다. 한 달 뒤, 단독으로 입후보한 노조위원장 찬반 투표에서 나는 94퍼센트라는 역대 최고의 찬성률로 당선됐다. 그리고 2007년 3월 초, MBC 보도국 기자에서 MBC 노동조합 7대 위원장으로 바뀐 내 인생이 드디어 시작됐다.

MBC 노조위원장이라는 직위는 내가 피상적으로 생각했던 것보다 훨씬 어깨가 무거운 자리였다. 우선 서울 본사와 전국 계열사의 조합원 수만 해도 2천 명이나 됐다. 그 외에도 MBC 관계 회사와 각종 비정규직 노조에 소속된 조합원들이 수백 명이었고, 나는 그분들의 복지와 처우 개선을 위해서도 활동해야 하는 의무를 지고 있었다. 상급 단체인 전국언론노동조합 내에서는 KBS, SBS 노조위원장과 함께 본부장의 직함이 주어졌다. 주요 시민단체와 언론 운동 단체 들이 주관하는 행사나 집회에도 빠짐없이 초청받았다. 물론 그럴 때면 어김없이 마이크를 잡고 연설을 해야 했다. 방송학회, 언론정보학회 등 전문가들이 미디어와 방송 보도와 관련된 토론회를 열 때면 토론자로 종종 불려 가곤 했다. 80년대부터 불붙은 언론 민주화 운동의 역사에서 MBC 노조가 해온 역할이 그만큼 컸기 때문이다.

집회나 토론회에서 내가 하는 발언은 대체로 비슷했다. 공정 방송, 표현의 자유를 위한 MBC 언론인들의 노력을 소개하고 앞으로도 열심히 싸울 테니 권력과 자본의 힘 앞에서 공영방송 MBC를 지켜달라는 것이었다. 특히 나는 당시 임기 말의 노무현 정부가 추진하던 한미 FTA를 강한 어조로 비판했다. FTA로 상징되는 신자유주의 물결 속에서 미디어 간 무차별 경쟁이 촉발되면 결국 공영방송의 역할이 축소되고 MBC 역시 대기업에 팔려 민영화될 수도 있다는 우려 때문이었다. 객관적인 시각을 유지해야 하는 기자의 입장에서 FTA 문제를 바라볼 때와는 완전히 입장이 달라진 것이다. MBC 민영화를 주장하는 한나라당 정치인들과 보수 언론을 향한 비판도 잊지 않았다. 국민이 주인인 공영방송을 재벌에게 팔아넘기고 언론의 자유를 짓밟으려 한다고 목소리를 높였다.

어느 날 인터넷에 실린 내 발언 보도를 보고 평소 친하게 지내던 모 기업체의 임원이 전화를 걸어왔다.

"언제부터 그렇게 투사가 됐지? 내가 아는 박 기자는 그렇게 과격한 사람이 아닌데."

나는 쓸쓸히 웃으며 대답했다.

"투사는요, 제가 무슨 투사입니까. 그냥 노조위원장 하다 보니까 그렇게 되네요. 자리가 사람을 만든다잖아요."

"그건 이해가 가는데, 발언의 수위를 좀 낮출 필요가 있어 보여. 그러다 여기저기서 찍히면 어쩌려고 그래. 나중에 돌아와서 기자 생활 계속해야지."

"뭐 별일 있겠어요? 지금이 80년대도 아니고."

"그래도 세상일은 모르는 거야. 내가 한 30년 사회생활 해보니 모난 돌은 결국 정을 맞게 돼 있더라고. 너무 나서지 마. 박 기자가 걱정스러워서 그래."

너무 나서지 마라. 분명 나를 염려하는 고마운 충고였다. 누가 모르겠는가. 하지만 나서지 않으면 안 되는, 나서기 싫어도 어쩔 수 없이 나서야만 하는 경우가 있는 법. MBC 노조위원장은 늘 그런 역할을 요구받는 비운의 자리였다.

나서기 싫어도 나서다 보니 남들의 시선도 꽤 신경이 쓰였다. 당연히 골프는 꿈도 꿀 수 없었다. 아예 골프채를 후배들에게 나눠 줘 버렸다. 고교 동창들과 회비를 모아 가끔씩 나가던 골프 모임에도 나가지 않았다. 아무리 사적인 모임이라도 골프장에서 누군가와 마

성수대교 야경 사진.
노조위원장 생활 동안 퇴근 후 밤마다 한강에서 자전거를 타는 게 큰 즐거움이었다. 카메라를 배낭에 넣고 다니다가 맘에 드는 풍경을 만나면 자전거를 세우고 사진을 찍었다.

주치면 "노조 하면서 골프 친다"고 헐뜯는 얘기가 돌 게 분명했기 때문이다. 술은 끊을 수 없었다. 참석해야 할 저녁 자리가 많았고 그중 상당수는 내가 주최하거나 아니면 내가 밥값, 술값을 계산해야 하는 모임이었다. 대신 주종은 늘 생맥주나 소주였다. 양주는커녕 병맥주를 마시는 것도 신경이 쓰였다. MBC, KBS 등 방송사와 증권회사들이 밀집된 여의도의 상가 건물에는 작은 카페들이 많다. 지갑이 넉넉지 않은 샐러리맨들이 부담스럽지 않은 가격으로 양주를 마실 수 있는 곳이었다. 나 역시 기자 시절에는 회식을 하면 늘 그런 카페로 2차를 가서 폭탄주를 말아 마시는 게 당연한 코스였지만 이제는 갈 수 없었다. "노조위원장이 카페에서 양주 마시더라"라는 말을 듣기 싫어서였다. 집행부 회식 때도 삼겹살에 소주만 먹기로 합의했다. 회사 근처에서는 길에서 담배도 피우지 않기로 했다. 무심결에 길바닥에 꽁초라도 버리는 모습을 행여 누가 볼까봐.

골프와 폭탄주를 즐기던 생활은 많이 건전해졌지만, 오디오 바꿈질과 음반 수집 취미는 여전히 버리지 못했다. 평일 퇴근 시간도 예전보다 당겨지고 주말에 음악을 듣는 시간이 늘어나니 기기와 음반에 대한 집착이 더 강해졌다고 할까. 때마침 불어닥친 DVD와 홈시어터 열풍에 편승해 거실에 놓인 스피커의 개수가 하나 둘씩 늘어났다. 물론 앰프도 조촐한 스테레오 앰프에서 멀티채널을 지원하는 고급 AV 앰프로 업그레이드됐다. 나는 영화보다는 음악 DVD를 더 좋아했다. 주말마다 아파트가 떠나가도록 DVD를 틀어놓고 라이브 콘서트 실황을 즐기는 호사스러운 행복은 비할 데가 없었다. 즐겨 듣는 음악의 취향도 조금씩 달라졌다. 평생 레드 제플린과 핑크 플로이드만 들으며 지낼 것 같았는데 어느새 거실 CD 수납장에는 록 음반이 있던 자리에 클래식 음반이 차곡차곡 채워지고 있었다. 공정 보도 감시, 노사 협상을 위한 회의, 그리고 FTA 반대 집회 같은 딱딱하고 머리 아픈 일과를 마치고 집으로 돌아오면 나는 언제나 스트레스를 잊기 위해 음악을 틀었다. 바흐, 모차르트, 베토벤…… 그리고 카라얀, 아바도, 주빈 메타…… 내 노조 생활 동안 늘 함께했던 거장들의 이름이다. 조심스럽게 음반을 플레이어에 집어넣고 소파에 기대앉아 눈을 감고 그들과 만날 때면 순식간에 무아지경에 빠져들었다. 감동이 북받쳐 어느새 눈물을 흘리고 있는 나 자신을 발견할 때도 있었다. 그러고 보면 노조위원장 첫해인 2007년은 그럭저럭 지낼 만한 시절이었던 것 같다.

사장님을 만나
롤러코스터를 타다

2007년 당시 MBC 사장은 국회의원을 거쳐 지금 강원도지사를 지내고 있는 최문순 씨였다. 당시 노사 관계는 밀월이라고 할 것까진 없지만 비교적 괜찮은 편이었다. 그도 그럴 것이 최 사장은 노조위원장 출신으로 1995년에 강성구 사장 퇴진 파업으로 해고된 경험이 있고 언론노조위원장까지 지낸 인물이었기 때문이다. 노조를 파트너로서 존중하는 자세를 보여줬고 노조 역시 경영에 협조할 것은 협조하려 애쓰는 편이었다.

최문순 사장이 당시 역점을 두고 밀어붙였던 정책은 지방 MBC의 광역화 사업이었다. MBC에는 전국 곳곳에 19개의 계열사가 있었는데 가까운 지역 내의 계열사들을 하나로 묶어 경쟁력을 강화한다는 게 광역화의 개념이었다. 최 사장은 특히 부산, 울산, 진주, 마산 MBC 네 군데의 계열사를 광역화하는 데 많은 공을 들였고 노조에도 협조를 요청해왔다. 고민스러운 상황이었다. 네 곳 계열사의 조합원들 사이에 광역화에 대한 찬반양론이 팽팽했기 때문이다. 본사 노조와 해당 계열사 노조는 거듭 논의한 끝에 광역화 찬반 조합원 투표를 하기로 결정했다. 그리고 투표는 아슬아슬하게 가결됐다.

최문순 사장은 매우 기뻐하며 부산 경남 4사의 광역화 작업에 박차를 가하기 시작했다. 문제는 그다음에 터졌다. 규모가 가장 큰 계열사인 부산과 울산의 고참 직원들이 투표 결과에 승복하지 않고 광역화 반대 움직임을 본격화한 것이다. 특히 울산 MBC의 경우 정년을 얼마 남기지 않은 50대 중반의 조합원이 광역화 저지를 슬로건으로 내걸고 노조 지부장에 당선되는 상황이 벌어졌다. 그러자 최 사장은 본사와 네 개 계열사 사장, 노조 대표 들이 5대 5로 참여하는 광역화 관련 협상을 열어 담판을 짓자고 제안하고 나섰다. 그리고 김재철 사장과 나의 악연은 바로 그 협상 테이블에서 시작됐다.

김재철 씨는 울산 MBC 사장이었다. 놀랍게도 김재철 사장은 광역화 협상에서 울산 노조의 편을 들고 나섰다. 일부 직원들이 광역화를 반대하니 사장으로서도 억지로 밀어붙일 수 없다는 입장이었다. 그때까지 네 명의 사장과 상의해가며 광역화를 추진했던 최문순 사장은 김재철 씨에게 뒤통수를 맞은 격이었다. 덕분에 협상은 무산됐다. 따지고 보면 김 사장의 말이 아주 틀린 말은 아니었다. 어찌 보면 소수의 의견까지도 무시하지 않는 민주적인 리더십으로 보일 수도 있었다. 그러나 김재철 씨는 나중에 본사 사장이 된 후 진주 MBC와 마산 MBC의 통합을 강제로 밀어붙이면서 이를 반대하는 노조를 탄압하고 지부장을 해고하기까지 한 장본인이다. 그렇게 광역화에 대해 투철한 신념을 가진 인물이 왜 당시에는 최문순 사장을 배신하며 막판에 반대로 돌아섰을까? 무언가 다른 의도가 있었던 게 틀림없다고 나는 생각한다. 그 의도란 아마도 MBC 본사 사장의 꿈을 갖고 있던 김재철 씨가 그 꿈을 이루기 전까지는 가급적 울산 MBC 직원들의 정서를 건드려 분란을 만들 일은 하지 않겠다는 게 아니었을까?

"노조가 막아야죠,
낙하산인데"

그해 겨울, 한나라당의 이명박 후보가 민주당의 정동영 후보를 압도적인 표차로 물리치고 대한민국 대통령이 됐다. 그리고 MBC 또한 새로운 사장의 선임을 둘러싸고 풍랑이 일기 시작했다. 임기를 마친 최문순 사장은 사장직에 재도전하지 않겠다고 선언했다. 2008년 1월,

MBC의 대주주인 방송문화진흥회는 새로운 사장을 선출하기 위한 일정을 발표했다. 전현직 임원을 지낸 10여 명의 인물들이 대거 사장직에 지원서를 냈다. 그리고 회사 안팎에서는 PD 출신인 신종인 부사장, 〈뉴스데스크〉 앵커였던 엄기영 본부장, 삼척 MBC 구영회 사장, 그리고 울산 MBC 김재철 사장이 상대적으로 유력한 사장 후보군으로 거론되기 시작했다.

내가 판단하기에 김재철 울산 MBC 사장은 노조의 사장 선임 반대 대응 원칙 1번과 2번(66쪽 참조)에 모두 해당하는 인물이었다. 노조는 2007년 이명박-박근혜 후보의 한나라당 경선이 시작될 때부터 김재철 씨가 이명박 후보의 행사나 유세장에 여러 차례 참석했다는 이야기를 거듭 확인한 상태였다. 자신이 사장으로 있던 울산 지역은 물론 부산, 경남 지역에 MB가 올 때마다 거의 빠지지 않고 얼굴을 내밀어 눈도장을 찍었다는 정보였다. MB와 김재철 씨는 국회의원과 정치부 기자 시절부터 남다른 인연을 맺어온 각별한 사이로 알려져 있다. 기자 생활을 하다 보면 특정한 정치인과 가까워질 수 있고 그와 자주 어울리는 것까지 비난할 필요는 없다. 그러나 언론인의 신분과 의무를 망각하고 그 정치인의 선거 승리를 위해 공공연하게 활동한다는 건 차원이 다른 얘기다. 그래서 노조 집행부는 김재철 씨는 절대로 MBC 사장이 되어선 안 된다는 데 일찌감치 의견을 모으고 혹시 사장이 될 가능성이 엿보이면 반대 의지를 단호하게 표명하기로 결정해놓은 터였다.

MBC의 사장이 어떤 과정을 거쳐 선출되는지를 알려면 먼저 MBC의 지배 구조를 이해해야 한다. 공영방송이자 비상장 주식회사인 MBC의 1대 주주는 방송문화진흥회(이하 '방문진')라는 공적 기관이다. 70퍼센트의 주식을 갖고 대주주로서 사장 선임을 비롯한 각종 역할을 수행한다. 나머지 30퍼센트의 지분은 정수장학회가 소유하고 있다. 방문진은 3년 임기의 이사 9명으로 구성되는데 정부와 여당이 6명을 추천하고 야당이 3명을 추천하는 게 관행이다. 절대 다수인 6명을 청와대와 여당 수뇌부에서 결정하는 구조인 것이다. KBS 이사회 역시 11명으로 구성되고 그중 7명을 정부 여당에서 추천한다. 양대 공영방송인 KBS와 MBC의 사장이 새로 선임될 때마다 낙하산 논란이 끊임없이 반복되는 이유가 바로 여기에 있다.

그렇기 때문에 MBC 역대 사장 중에서 낙하산이라는 불명예로부터 자유로운 인물은 많지 않다. 전두환, 노태우 군사정권 시절은 물론 문민정부 때도 청와대에서 사장을 결정했고 김대중, 노무현 대통령 시절에도 사정은 크게 다르지 않았다. 방문진 이사들이 청와대의 입김을 물리치고 나름 정상적인 토론과 합의를 거쳐 사장을 뽑은 전례도 있었다. 그러나 대부분의 경우 권력 수뇌부의 의지가 실린 인물이 사장이 되는 관행이 반복될 수밖에 없었고, 그렇기 때문에 사장의 꿈을 가진 인물들은 청와대와 여당의 실력자들에게 줄을 대고 낙점을 바라는 행태가 사라지지 않았다. 노조 역시 낙하산 사장이 투하될 수밖에 없는 방문진 구조를 잘 알고 있었기 때문에 3년마다 고민스러운 상황을 겪어야만 했다.

결국 MBC 노조가 사장 선임 과정에서 세워놓은 대응 원칙은 대체로 다음과 같았다.

1. 청와대 및 권력 수뇌부에 노골적으로 줄을 댄 사실이 드러난 인물은 낙하산으로 규정하고 반대한다.

2. 언론인으로서 정치적 중립을 지키지 않고 특정 정당 및 정치인의 선거를 위해 일을 한 경력이 있는 인물 역시 공정 보도를 해칠 우려가 있기 때문에 반대한다.

3. 부도덕한 행위나 비리를 저지른 경력이 있는 인물은 반대한다.

그러던 어느 날, 보도국의 선배 한 명이 노조 사무실을 찾아왔다. 그 선배는 국회를 10년 넘게 출입한 베테랑 정치부 기자였다. 선배는 조심스럽게 말을 꺼냈다.

"어제저녁에 인수위원회에 들어가 있는 S의원을 만났어. 그 양반하고 내가 오래전부터 꽤 친한 사이거든. 그런데 MBC 사장 선임 문제에 관심이 많더라고."

S의원이라면 이명박 대통령 당선자의 최측근으로 꼽히는 인물이었다. 그가 무슨 말을 했을지 궁금했다.

"뭐라고 하던가요?"

"당선자가 김재철 선배를 MBC 사장을 시키고 싶어한대. 무슨 좋은 방법이 없겠느냐고 물어보더라고."

"그렇군요. 예상했던 대로 굴러가네요."

"어떻게 할 생각이야?"

"노조가 막아야죠, 낙하산인데. 막을 방도를 고민해보겠습니다."

선배가 돌아간 뒤 나는 생각에 잠겼다. S의원이 MB의 명을 받았지만 김재철을 사장으로 만드는 방법이 마땅치 않아 고심하는 이유를 짐작할 수 있었다. 평소 같으면 간단하다. 방문진 이사 아홉 명 중 여섯 명의 추천권이 정부 여당에 있기 때문이다. 그러나 현재 방문진 이사들은 노무현 정권 때 임명된 인물들이라는 점이 문제였다. 이들의 임기가 끝날 때까지는 아무리 대통령 인수위라고 하더라도

MBC 사장 선임 과정에 개입하기 힘들다. 그래도 마음을 놓을 수가 없었다. 방문진 이사들이 새로 들어선 권력의 압력에 흔들릴 가능성도 없지 않았다.

공교롭게도 같은 날 정치부에서 일하는 후배가 또다른 정보를 알려줬다. 인수위에 있는 또다른 정치인 J씨가 얼마 전 기자들과의 술자리에서 비슷한 얘기를 했다는 내용이었다. MBC의 새 사장은 울산 MBC 김재철 사장이 돼야 한다는 말을 했다고 한다. J씨는 MB의 형인 이상득 의원의 핵심 측근으로 분류되는 인물이다. 새로운 권력의 수뇌부에 있는 인물들이 이구동성으로 김재철을 MBC 사장으로 거론한다는 건 심각한 상황이었다. 그만큼 당선자의 의지가 강력하다는 뜻이었다. 노조가 이런 사실을 알고도 그냥 넘어갈 수는 없었다. 행동에 나서야 할 때였다. 나는 그날 오후 집행부 긴급회의를 소집하고 이러한 상황을 설명했다. 집행부의 입장은 모두 같았다. 낙하산 사장을 막기 위해 당장 공식 대응에 나서야 한다는 것. 그리고 다음날 노조는 김재철 씨를 사장 후보에서 배제할 것을 방문진에 강력히 요구하는 성명서를 발표했다.

성명서의 제목은 '정치권에 줄을 댄 사장 후보는 절대 안 된다'였다. 김재철 사장의 실명은 거론하지 않았지만 '공공연히 한나라당 행사에 참여했던 모 지방 MBC 사장은 본사 사장의 꿈을 접고 차라리 총선에 출마하라'는 내용이었다. 노조 성명서가 뿌려진 며칠 뒤, 뜻밖에도 김재철 씨가 회사 전 사원을 대상으로 메일을 보냈다.

'이명박 당선자와는 부인할 수 없는 오랜 친분이 있다. 하지만 그 친분은 회사가 부여한 직무의 결과다. 나는 김대중 전 대통령과도 잘 아는 사이다. 뉴스를 위해 취재를 열심히 했기 때문이다. 정치부 기자로서 취재원을 많이 만나다 보면 정치인들과 친해질 수 있는 것 아닌가? 내가 사장이 되면 MBC를 위해 분골쇄신하겠다.'

대충 이런 내용이었다. 메일을 읽으며 김재철 씨가 생각보다 간단치 않은 사람이라고 느꼈다. 노조는 특정 정치인과의 사적인 친분 그 자체를 문제 삼는 것이 아니었다. 그가 이미 한나라당 행사에 참여해온 사실을 통해 '정치적 편향성'을 확인한 것이고, 결국 정치권력으로부터 독립돼야 할 공영방송의 수장으로서 부적격자임을 말한 것이다. 더구나 복수의 정부 여당 관계자들이 김재철 씨가 MBC 사장이 되어야 한다고 발언한 사실로 미루어 볼 때, 그가 사장이 된다면 MBC는 정권의 시녀 역할을 하던 부끄러운 과거로 되돌아가게 될 가능성이 농후하다는 점을 지적한 것이다. 그러나 김재철 씨는 최고 권력자에게 줄을 댄 사실을 '열심히 취재한 결과'로 교묘하게 포장하면서 사장이 되겠다는 강력한 의지를 굽히지 않은 것이다.

노조의 성명이 방문진 이사들에게 효력을 얼마나 발휘했는지는 나로서도 알 수 없다. 하지만 김재철 씨는 최종 사장 후보 세 명을 가리는 1차 투표에서 탈락했다. 예선에서 탈락한 셈이다. 세월이 흘러 2013년 5월, 김재철 씨는 MBC 사장직에서 해임당한 후 〈신동아〉와의 인터뷰에서 내 실명을 거론하면서 내가 특정 인물을 사장으로 만들기 위해 당시 자신을 반대했다는 터무니없는 주장을 펼쳤다. 그는 그런 사람이었다.

 2008년 2월 말, 방문진은 결국 〈뉴스데스크〉의 엄기영 앵커를 MBC의 새로운 사장으로 선임했다. 방문진이 엄기영 사장을 선택한 이유는 무엇이었을까. MBC의 간판 프로그램인 〈뉴스데스크〉를 십수년간 진행하면서 시청자들에게 각인시킨 친숙함, '가장 신뢰감을 주는 언론인'으로 손석희 앵커와 함께 늘 1, 2위를 다투던 대국민 이미지가 큰 역할을 했을 것이다. MBC가 창사 50주년을 맞아 실시한 시청자 여론조사에서 '〈뉴스데스크〉 앵커' 하면 떠오르는 인물로 70퍼센트가 아직도 엄기영을 꼽았을 정도니까. 덕분에 엄 사장의 회사 내 평판도 좋은 편이었다. 간판 뉴스의 메인 앵커로서 주요 현안에 대해 가끔씩 던지는 멘트는 촌철살인의 맛이 있었고, 언론인으로서의 정치적 중립성도 적절히 지켜왔기 때문이다. 덕분에 회사 내에서도 새 사장에 대한 기대가 적지 않았다.
 개인적으로도 엄 앵커와 나는 사이가 좋은 편이었다. 노조위원장이 되기 전인 2006년 가을, 탐사보도 팀 데스크로 일하던 나는 〈뉴스데스크〉에 신설된 심층 뉴스의 첫 작품으로 5분짜리 기획 리포트를 만든 적이 있었다. 당시 하늘 높은 줄 모르고 치솟던 아파트 값 때문에 좌절하는 서민과 직장인 들의 애환을 취재한 내용이었다. 방송이 나간 다음날 엄 앵커가 나를 부르더니 대단한 작품이었다고 칭찬을 해줬다. 그 후로도 여러 차례 그 리포트를 언급하며 훌륭한 보도라고 치켜세웠던 기억이 난다.

엄기영 사장은 취임 직후 노사 상견례 자리에서 공정 보도에 최선을 다할 테니 노조는 회사 경영에 협조해달라고 당부했다. 나 역시 회사가 언론의 자유를 위해 노력하는 모습을 보여주면 다른 문제에 대해서는 적극 협조할 것이라고 화답했다. 내 발언은 진심이었다. 당시 최시중 방송통신위원회 위원장을 비롯한 새 정권의 실세들은 틈만 나면 MBC 민영화를 거론하고 공영방송의 위상에 손을 대려는 의도를 공공연히 드러내고 있었다. 50년 역사의 MBC가 재벌에 매각될지도 모르는 위기 상황에서 임금 인상이나 복지 문제로 경영진과 마찰을 빚을 생각은 조금도 없었다. 오로지 엄 사장과 경영진이 뚝심과 정치력을 발휘해 정권의 외풍을 막아내고 회사를 지켜주길 바랄 뿐이었다. 그래야 노조도 투쟁이다 뭐다 하면서 길거리로 뛰쳐나갈 필요가 없어지고, 위원장인 나도 나머지 1년 임기를 무사히 마치고 다시 기자로 돌아갈 게 아닌가.

우려스러웠던 건 사장 후보에서 탈락한 울산 MBC 김재철 사장이 다시 청주 MBC 사장으로 임명되면서 살아남았다는 점이었다. 방문진이나 엄 사장이 김재철에게 자리를 마련해주라는 정권의 압력을 거절하지 못한 게 분명했다. 김재철 씨는 MBC 사장의 꿈을 쉽게 포기할 인물이 아니었다. MB와의 친분을 활용해 끊임없이 정권 실세들과의 끈을 이어가면서 엄기영 사장을 끌어내리기 위해 내밀한 작업을 할 게 분명하다는 생각이 들었다. 걱정스러웠다.

MBC와 엄기영 사장의 위기는 생각보다 더 빨리 찾아왔다. 그리고 그것은 노조의 위기이자 노조위원장인 나의 위기이기도 했다.

회사는 〈PD수첩〉을
지켜주지 않았다

2008년 5월, 이른바 광우병 쇠고기 수입에 항의하는 시민들의 촛불이 서울 시내를 뒤덮기 시작했다. 대선의 여세를 몰아 4월 총선에서도 한나라당이 과반수를 차지하고 정국 주도의 탄탄대로를 걷기 시작한 상황에서 누구도 예상하지 못한 대격변의 시작이었다. 급기야 6월에는 광화문과 시청 앞에 백만 명의 시민들이 운집했다. 이명박 대통령의 국정 지지율은 10퍼센트대로 곤두박질쳤다. 대통령이 대국민 사과를 했지만 들끓는 민심은 가라앉지 않았다. 다급해진 정부의 선택은 공권력을 동원한 반격이었다. 7월에 접어들면서 거리의 촛불 수가 조금씩 줄어들자 경찰은 무자비하게 시위를 진압하기 시작했다. 그리고 정부와 한나라당은 광우병 쇠고기 문제를 다룬 MBC 〈PD수첩〉이 왜곡과 거짓 보도로 국민들을 현혹했다고 주장하기 시작했다. 보수 신문들은 갖가지 특집 기사를 동원해 〈PD수첩〉 보도가 허구였다는 정부의 주장을 확대 재생산했다. 역전의 기회를 잡았다고 판단한 정부는 급기야 정운천 농림수산부 장관의 이름으로 〈PD수첩〉 제작진을 명예훼손 혐의로 고발하기에 이르렀다. 그리고 검찰은 즉각 제작진에 대한 사법 처리에 착수했다.

송일준, 조능희, 이춘근, 김보슬. 당시 〈PD수첩〉 '광우병' 편을 제작한 PD들의 이름이다. 검찰이 가장 먼저 칼끝을 겨눈 것은 네 명 중 이춘근과 김보슬 PD였다. 두 사람에게는 강제구인장이 발부됐다. 정부 정책을 비판하는 프로그램을 제작한 언론인을 검찰이 체포해서 조사하려고 하는 있을 수 없는 상황이 벌어진 것이다. 노조는 즉각 무자비한 언론 탄압으로 규정하고 엄기영 사장과 회사 측에 강력한 대응을 해달라고 촉구했다. 회사가 먼저 나서서 두 PD가 소환되거나 잡혀가지 않도록 지켜주고 검찰에 엄중한 항의를 해야 한다는 게 우리의 생각이었다. 너무나 당연한 판단이었다.

그러나 엄 사장은 두 사람을 지켜주지 않았다. 정부나 검찰에 항의하기는커녕 한마디의 공식 입장도 발표하지 않았다. 엄 사장이 앵커 시절에 자주 말하던 표현을 빌리자면 "참으로 어처구니없는 일"이었다. 대한민국 최고 방송사의 언론인이 정권의 부당한 수사 대상에 오르고 강제로 체포당할 위기에 처했는데 경영진이 이를 수수방관하는 꼴이 벌어진 것이다.

결국 나는 노조가 두 사람을 보호할 수밖에 없다는 판단을 내렸다. 집행부에 이춘근, 김보슬 PD를 지방으로 피신시키라고 지시했다.

2008년 〈PD수첩〉에 대한 정권의 대대적인 탄압이 시작되자 MBC 노조위원장으로 각종 집회에 참석해 발언하는 모습.
청와대와 최시중 방통위원장 등 권력의 핵심을 정면으로 공격하는 발언 덕분에 나는 정보기관의 주요 감시 대상이 됐다.

그때부터 두 사람의 도피 아닌 도피 생활이 시작됐다. 나는 주말이 되면 조용히 차를 몰고 두 사람이 피신해 있는 곳을 찾아가 함께 시간을 보내곤 했다. 어떤 때는 아내와 아이들까지 데리고 가서 하루를 보내고 온 날도 있었다. 내게 고맙다고 말하는 두 사람의 얼굴을 보며, 내가 피고인 은닉죄로 잡혀가는 날이 오더라도 이들을 끝까지 보호하겠다고 결심했다. 아마 내가 아닌 다른 사람이 노조위원장이었더라도 같은 행동을 했을 것이다. 노조가 다른 모든 것은 양보할 수 있어도 언론의 자유, 표현의 자유에 관한 문제만큼은 절대 타협할 수 없다는 게 내 신념이었다.

그러던 어느 날, 예전에 친하게 지내던 검찰 간부에게서 전화가 걸려왔다.

"박 형, 잘 지내죠? 요즘 활약이 대단하던데."

나는 짐짓 모르는 척 되받았다.

"무슨 활약요? 노조 하면서 조용히 사는데 검찰에서 왜 내게 관심을 두죠?"

"대검 공안 쪽에서 박 형을 유심히 보고 있는 것 같아. 〈PD수첩〉 사람들을 너무 감싸고 돌면 안 좋을 것 같아서 그래."

어찌 들으면 나를 걱정해주는 말 같았지만 어찌 들으면 협박같이 들리기도 했다. 나는 화가 나서 쏘아붙였다.

"지금 무슨 소릴 하시는 겁니까? 내가 후배들이 체포되게 내버려둘 줄 알아요? 그냥 나를 잡아가라고 하세요. 나도 신문에 얼굴 좀 나와봅시다."

 무슨 용기가 생겨서 그랬는지는 지금도 잘 모르겠다. 분명한 건, 정권의 〈PD수첩〉 손보기에 맞서기 시작하면서 그럭저럭 순탄했던 노조 생활에 긴장감이 흐르기 시작했다는 거다. 굳이 말하자면 얼떨결에 노조위원장이 된 한량 기자가 본의 아니게 권력과 맞서는 투사로 거듭나게 되는 계기였다고나 할까.

 이춘근, 김보슬, 두 PD를 강제구인하려 했던 검찰의 시도는 일단 성공하지 못했다. 그러나 이듬해 봄, 결국 법원의 사전체포영장이 발부되고 이춘근 씨는 회사 앞에서, 그리고 김보슬 씨는 집에서 검찰 수사관들에게 체포되어 끌려가 조사를 받게 된다. 끝까지 그들을 보호하겠다는 약속을 나는 결국 지키지 못했다.

 방송을 장악하는 것을 최우선 기치로 삼았던 이명박 정권의 언론 정책 탓에 수난을 겪게 된 방송사는 MBC뿐만이 아니었다. 케이블 뉴스 채널인 YTN의 경우, 이명박 대선 캠프에서 특보를 지냈던 구본홍 씨가 낙하산 사장으로 날아왔다. 노조는 즉각 사장 출근 저지 투쟁에 나섰다. 당시 YTN 노조위원장은 나와 동년배인 노종면 기자였다. 나는 노 위원장에게 괜스레 미안한 마음이 들었다. 구본홍 씨는 MBC에서 보도본부장까지 지냈던 인물이기 때문이다. 그래서 나는 집행부와 함께 일주일에 한두 번은 꼭 아침에 YTN 사옥으로 나가서 YTN 조합원들과 함께 구본홍 사장의 출근을 저지하는 일에 힘을 보태주곤 했다. 그러나 구본홍 사장은 결국 노종면 위원장을 포함한 여섯 명의 조합원을 해고해버렸다. 내게는 충격이었다. MBC 재직 시절 내가 지켜봤던 구본홍 선배는 정치적으로 보수 성향인데다 야망이 큰 인물이긴 했지만 성격이 그렇게 모진 사람은 아니었기 때문이다. 나중에 들은 얘기로는 구본홍 사장이 노조의 출근 저지에 막혀 회사를 장악하지 못하자 권력 실세로부터 배짱이 없다고 욕을 먹었다고 한다. MB 정부 언론 정책의 핵심은 바로 그런 게 아니었을까. 절대 노조에 지지 마라. 어떤 수단과 방법을 동원해서라도 노조를 무력화시켜라.

KBS의 상황도 만만치 않았다. 노무현 정권 때 임명된 정연주 사장을 눈엣가시로 여긴 정권은 정 사장의 임기가 남아 있는데도 검찰 수사를 통해 강제로 하차시키는 파렴치한 방법을 택했다. 황당한 것은 정연주 사장의 혐의 내용이었다. 2005년 KBS가 국세청을 상대로 법인세 1천9백90억 원을 돌려달라고 소송을 한 적이 있다. 당시 재판부가 5백50억 원만 돌려받는 조정안을 내놓자 KBS와 국세청이 이를 수용했는데 이게 업무상 배임에 해당한다는 게 검찰의 기소 내용이었다. 끝까지 소송을 했으면 다 돌려받을 수 있었는데 법원의 조정을 성급하게 수용하는 바람에 그 차액만큼 회사에 손해를 끼쳤다는 거다. 한마디로 법원 결정에 따른 게 죄라는 얘기였다.

말도 안 되는 혐의로 정 사장을 형사범으로 만들어놓는 동시에, 정권은 KBS 이사회의 여야 구성까지 뒤집어놓았다. 노무현 정부 때 임명된 이사장과 이사들을 한 명씩 사퇴시키거나 해임하고 새로운 이사들을 집어넣어 기어이 과반수를 확보했다. 그리고 2008년 8월, KBS 이사회는 검찰이 제시한 혐의인 업무상 배임을 이유로 정 사장을 강제 해임했다.

정 사장 해임을 결정하는 이사회가 열리기 전날이었던 2008년 8월 7일 밤, 나는 최상재 언론노조위원장과 함께 여의도의 KBS 건물 앞에서 이명박 정부의 KBS 장악 음모를 규탄하는 촛불문화제에 참여하고 있었다. 차도를 점거하지도 않고 인도에서 평화적으로 열리던 집회였다. 밤 9시쯤 느닷없이 경찰들이 들이닥쳐 참가자들을 연행하기 시작했다. 최상재 위원장과 나도 순식간에 머리채를 잡히고 경찰 버스에 태워져 동작경찰서로 끌려갔다. 정연주 사장 강제 해임을 앞두고 미리미리 항의 시위를 봉쇄해놓으려는 경찰의 포석이었을 것이다.

최근 온라인 커뮤니티 일간베스트저장소(일명 '일베') 회원들의 인터넷 게시물과 관련된 논란을 보며 표현의 자유에 대해 다시 한번 생각하게 된다. 일베 회원 한 명은 5·18 민주화 운동 당시의 희생자 시신이 담긴 관을 '홍어 택배'라 부르며 조롱했다는 이유로 형사재판을 받고 있다. 나는 '홍어 택배'라는 그의 말이 개념 없고 무책임한 행동이라는 데 동의하지만 역시 표현의 자유 영역에서 보호받아야 할 행위라고 생각한다. 표현의 자유란 그런 것이다. 어떠한 말이나 글이라도 '명백하고 현존하는 위험과 피해'가 없는 한 자유롭게 보장돼야 한다는 것이다. 잘못된 보도나 인터넷상의 허위 사실 유포로 명백한 피해가 발생하면 피해자가 민사소송으로 대응하면 되기 때문이다. 특히 언론 보도나 인터넷 게시물을 명예훼손, 모욕, 허위 사실 유포 등의 죄목으로 형사처분을 하는 나라는 선진국 중에 우리나라밖에 없다. 우리가 일베의 표현의 자유를 지켜주지 못한다면 〈PD수첩〉의 표현의 자유도 지킬 수 없게 된다는 게 내 생각이다. 표현의 자유, 언론의 자유는 민주주의의 가치 중 핵심이다.

그렇다면 표현의 자유에는 절대 성역이 없는가? 그렇지 않다. 독일이 나치의 유대인 학살을 정당화하는 주장을 '학살부인죄'로 처벌하고 미국에서 인종차별이나 동성애자를 차별하는 발언을 범죄시하는 것이 그 예가 될 것이다. 특정 계층이나 집단에 대해 비논리적이고 폭력적인 행위를 선동하는 주장, 또 테러나 범죄를 옹호하고 선동하는 주장에 대해서는 단호하게 처벌해야 한다. 혹자는 우리나라의 특수한 정치적, 문화적 상황을 고려할 때 지역감정을 조장하고 특정 지역 사람에 대한 차별과 증오를 야기하는 사람을 처벌해야 한다고 주장하기도 한다. 딱히 틀린 얘기는 아니다. 이미 우리는 북한 체제나 북한 지도자에 대해 긍정적인 말을 하거나 글을 쓰면 국가보안법으로 처벌 대상이 되는 나라에 살고 있지 않은가. 그러나 표현의 자유로 보호할 수 없는 내용이 늘어날수록 그 나라의 민주주의는 무너져간다고 봐도 무방할 것이다.

> **"장가 잘 가신 것
> 같습니다"**

경찰서 형사계에 앉아 조사를 받고 있는데 갑자기 문이 열리더니 한 여자가 들어왔다. 아내였다. 집에 있다가 뉴스를 보고 경찰서로 달려온 것이다. 아내의 손에는 박카스 한 상자가 들려 있었다. 아내는 웃는 얼굴로 박카스를 한 병씩 꺼낸 다음 형사들의 손에 일일이 쥐여주었다. 그러고는 씩씩하게 말했다.

"형님, 우리 남편 잘 부탁드립니다."

형사들이 어리둥절해했다. 형사에게 '형님'이라고 부르는 건 사건기자들의 말버릇이기 때문이다. 아내가 설명했다.

"저도 얼마 전까지 기자였어요, 경찰서에 매일 드나들던 사회부 기자. 남편도 기자 하다가 어쩔 수 없이 노조 하는 거니까 잘 좀 봐주세요."

그제야 형사들은 껄껄 웃으며 박카스를 마셨다. 나를 조사하던 젊은 형사가 내게 슬쩍 말했다.

"장가 잘 가신 것 같습니다."

아내와 내가 연애하던 때가 떠올랐다. 방송기자와 신문기자로 같은 해에 입사한 우리는 큰 사건이 있을 때마다 경찰서에서 자주 마주쳤다. 같은 경찰서를 함께 출입한 적도 두 번이나 된다. 처음에는 그냥 동료일 뿐이었다. 매력적인 외모에 쾌활하고 적극적인 성격이던 아내는 동료 기자들 사이에서도 인기가 꽤 좋았다. 나도 언제부터인지 아내가 예뻐 보이기 시작했다. 취재할 때 아내는 늘 노트북컴퓨터를 들고 다녔다. 경찰서장이나 형사과장이 사건 브리핑을 시작하면 바로 노트북을 열고 타이핑하면서 받아적었는데 그 속도가 굉장히 빨랐다. 반면 나는 작은 취재 수첩만 가지고 다니면서 볼펜으로 적는 것을 선호했는데 글씨를 느리게 쓰는 편이어서 팩트를 놓치기 일쑤였다. 그럴 때마다 브리핑이 끝난 후 아내에게 놓친 부분을 물어보곤 했다. 아내의 노트북에는 모든 팩트가 빠짐없이 기록돼 있었기 때문이다. 선생님의 설명을 이해 못 하는 친구에게 방과 후 공부를 가르쳐주는 우등생 소녀처럼, 한 번도 귀찮아하지 않고 친절하게 노트북을 보여주던 아내를 보면서 '이 여자와 사귀어보고 싶다'는 생각을 했다. 얼마 후 우리는 각각 사회부를 떠났고 더이상 경찰서에서 만날 일이 없는 사이가 됐다. 아내는 받아쓰기 속도가 느린 평범한 동료였던 나를 까맣게 잊었겠지만 나는 계속 아내의 얼굴을 마음 한켠에 담아두고 있었다.

 1996년 크리스마스를 며칠 앞둔 어느 날, 서른 살 생일을 막 넘겼을 때였다. 휴일에 소파에서 뒹굴고 있던 내가 한심해 보였던지, 어머니가 "이대로 노총각으로 늙어 죽을래!" 하시며 잔소리를 했다. 지금이야 30대 처녀 총각들이 널렸지만 그때만 해도 서른 살이면 대충 첫 손주를 부모님께 안겨드리던 시절 아닌가. 갑자기 아내의 얼굴이 떠올랐다. 밑져야 본전이니 전화나 해서 만나볼까 하는 용기가 솟아올랐다. 무작정 전화해서, 할 말이 있으니 만나자고 불러냈다. 얼굴 본 지 2년도 넘은 '아는 동료'의 전화에, 아내는 무슨 일일까 궁금해하면서 아무 생각 없이 나왔다고 한다. 그 자리에서 나는 옛날부터 좋아했다면서 무턱대고 사귀자고 고백해버렸다. 결심하면 좌고우면하지 않고 바로 실천하는 것, 그게 내 스타일이었다. 당연히 여자에게도 통할 줄 알았다. 하지만 당황하고 놀란 아내는 '농담하는 거지?' 하는 듯한 얼굴로 도망치듯 돌아가버렸다. 헤어지면서 아내는 내게 매정하게 말했다.

"성제 씨는 내 스타일이 아니에요. 난 날씬하고 샤프한 스타일의 남자를 좋아하거든요."

키 1백81센티미터에 몸무게는 1백 킬로그램에 육박하는 내 커다란 몸집이 맘에 안 들었나보다. 샤프한 스타일을 좋아한다고? 그렇다고 내가 포기할 줄 알아? 남자는 덩치 좋고 배도 좀 나온 나 같은 스타일이 진국이라는 걸 알게 될걸. 나는 그 후에도 지치지 않고 끈질기게 애정 공세를 퍼부어 몇 번의 데이트를 성사시켰다. 그리고 두 달여 만에 아내의 마음을 얻는 데 성공했다. 서로 결혼을 약속할 무렵, 아내는 싫다고 하는데도 자꾸 들이대는 내가 나중에는 귀여워 보였다고 털어놓았다.

경찰서 복도에서 나는 아내에게 말했다.

"뭐 하러 왔어, 금방 나갈 텐데."

"금방 못 나올지도 몰라. 내가 오면서 대검 OOO 부장에게 전화해봤는데 구속영장 칠지도 모른대."

"뭐? 구속영장을 친다고? 촛불집회 했다고 구속한다는 거야? 어이없는 놈들이네."

"내일이 정연주 사장 해임안 상정하는 날이라며? 아무래도 검찰이 최상재 위원장과 당신을 며칠 잡아놓으려고 하는 것 같아."

아내의 취재는 정확했다. 아내가 돌아간 후 야근하던 후배가 전화를 걸어왔다.

"선배, 상황이 좀 심각한 것 같아요. 경찰 쪽에 물어보니까 검찰에서 최상재 위원장과 선배를 구속시키려고 한다네요."

"인도에서 평화롭게 촛불집회 하던 사람들을 무슨 혐의로 구속하겠어?"

"그래서 경찰도 곤혹스러워하고 있어요. 그냥 현장에서 해산시키거나 훈방하면 될 일인데 검찰이 구속하라고 압박하니까요. 아마 조사를 세게 해서 어떻게 해서든지 일단 집시법 위반 같은 걸로 엮어보려고 할 것 같아요."

후배의 말대로 형사들은 다른 연행자들은 간단히 조사를 끝내버리고 최 위원장과 나만 새벽까지 앉혀놓고 이것저것 꼬치꼬치 캐물었다. 집회의 목적은 무엇이었는가. 당신이 집회를 주최한 것 아닌가. 무슨 구호를 외쳤는가. 집회에서 연설하지 않았는가. 연설 내용은 무엇이었는가. 경찰의 해산 명령에 저항하거나 몸싸움을 하지 않았는가. 후배의 말대로, 어떻게 해서든 구속영장을 칠 만한 혐의를 건져보려고 애쓰는 모습이 역력했다. 나중에는 나를 취조하는 형사가 불쌍해 보일 지경이었다. 형사에게 물었다.

"형사님, 조금 심하신 것 아닙니까? 왜 저에게만 이렇게 자세히 캐묻는 거죠?"

형사는 당황하면서 대답했다.

"저 힘없는 것 아시지 않습니까? 조사를 철저하게 하라는 지시가 있어서 따를 뿐입니다."

그래, 말단 경찰관에게 무슨 힘이 있겠나. 위에서 지시하는 놈들이 문제지. 그해 여름을 거치면서 나는 어느새 경찰과 정보기관이 주목하는 인물이 돼버린 것이다. 아마 종북좌빨 리스트에 올라가 있을지도 모를 일이었다.

왜 엄기영 사장은 굴복했을까?

다음날 오전, KBS 정연주 사장의 해임안은 결국 통과됐다. KBS 건물 앞에서 야당 국회의원과 시민단체 들이 농성을 하면서 항의했지만 막을 방도가 없었다. 그리고 얼마 뒤 이병순이라는 인물이 KBS

사장이 됐다. 이병순 씨는 KBS 기자 출신 간부였는데 당시 이동관 청와대 홍보수석과 최시중 방통위원장에게 불려가 사전에 면접을 본 사실이 언론에 의해 드러나기도 했다. 물론 이병순 사장도 자리를 오래 지키지 못했다. 이 사장은 정연주 사장의 잔여 임기를 마친 후 연임을 시도했지만 실패했고, 청와대는 MB의 대선 당시 특보였던 김인규 씨를 낙하산 사장으로 내려보냈다. 정권의 KBS 장악 시나리오는 그렇게 완성됐다. 강제 해임됐던 정연주 사장은 나중에 소송을 통해 당시 해임이 불법이며 무효라는 판결을 받고 명예회복을 했지만, 어차피 버스는 떠나간 뒤였다.

정연주 사장이 해임된 날 저녁, 최상재 위원장과 나는 경찰서에서 간신히 풀려났다. 아무리 조사해도 구속영장을 신청할 만한 혐의가 없었기 때문이다. 나는 일단 노조 사무실로 돌아왔다. 혹시나 위원장이 구속이라도 되는 것 아닐까 걱정하며 기다리던 집행부와 보도국 후배들은 "두부라도 먹어야 하는 것 아니냐"며 농담을 던졌다. 전화벨이 울렸다. 엄기영 사장이었다.

"박 위원장, 붙잡혀 갔다는 소식 듣고 많이 놀랐어. 몸은 괜찮아요?"

"네, 하룻밤 앉아 있다 나온 건데요, 뭘. 걱정해주신 덕분에 금방 나왔습니다."

"다행이네. 그나저나 KBS 사장을 저런 식으로 자르다니, 참 나쁜 사람들 아닌가."

"이제 KBS를 처리했으니 다음은 MBC 아닐까요? 사장님도 언제 어떻게 될지 모릅니다. 〈PD수첩〉 문제 가지고 계속 압박해올 겁니다."

"그럴 테지. 참 답답하구먼."

대충 이런 내용의 대화였던 것으로 기억한다. 엄 사장은 가끔씩 내게 전화를 걸어서 이런저런 회사 현안에 대해 노조의 입장을 묻기도 하고 회사 입장을 설명하기도 했다. 어떤 때는 사장실에서 차 한 잔 하자고 부를 때도 있었다. 이를테면 사장과 노조위원장 사이의 비공식적인 소통 방법이었는데 나도 그런 비공식 채널을 구태여 거부하지 않았다. 사장이 특정 현안에 대해 어떤 생각을 갖고 있는지 더 잘 알 수 있는 자연스러운 기회였기 때문이다. 서로 흉금을 터놓고 이야기하다 보면 공식적인 노사 협상에서 풀기 힘든 문제의 해결책도 어렵지 않게 실마리를 찾을 수 있었다. 단둘이 이야기할 때 엄 사장은 내게 반말과 존댓말을 적절히 섞어 쓰곤 했다. 일종의 친밀감의 표시였다고나 할까. 어찌 됐든 기자로서도 15년이나 선배이기 때문에 나도 그런 말투에 거부감을 느끼거나 불편해지진 않았다. 그날의 대화 역시 사장과 노조위원장보다는 보도국 선후배로서 서로를 걱정해주는 진심이 담겨 있었다.

그럭저럭 괜찮았던 엄 사장과 나의 관계는 그로부터 일주일 만에 급속히 악화되기 시작했다. 8월 12일, 회사가 〈PD수첩〉 내용에 대해 사과 방송을 강행했기 때문이다. 〈PD수첩〉을 희생양 삼아 정국 반전을 시도하려는 정권의 서슬에 굴복해버린 것이다. 사과 방송이 나가자 한나라당 의원들은 "〈PD수첩〉이 거짓 허위 방송이었음을 MBC 스스로 인정했다"면서 검찰은 당장 제작진을 사법 처리해야 한다고 떠들어댔다. 보수 언론들은 "〈PD수첩〉은 오류 수첩"이었다면서 장단을 맞췄다. 나는 그 사건을 계기로 엄 사장과 경영진에게서 언론의 자유를 지킬 의지가 사라졌다는 사실을 확인했다.

엄 사장이 취임 초기의 약속을 저버리고 정권의 압력에 굴복한 이유는 무엇이었을까. 혹자는 그가 나중에 한나라당 공천을 받아 강원도지사에 출마한 사실을 거론하며 엄 사장이 처음부터 MBC 사장직을 발판으로 삼아 정치권에 진출하려 했을 거라고 비난하기도 한다. 그러나 내 생각은 좀 다르다. 내가 아는 엄기영 선배는 그렇게 정치에 목을 맨 사람은 아니었다. 〈뉴스데스크〉의 간판 앵커로서 몸에 익혀온 정치적 중립성과 공정 방송에 대한 소신은 진심이었을 것이다. 다만 그는 모든 것을 걸고 부당한 간섭과 압력에 맞서 싸울 만한 두둑한 강단은 없는 인물이었다. 그가 임명한 임원들이 대부분 보수적이고 유약한 성품의 소유자들이었다는 점도 배경으로 작용했을 것이다. 〈PD수첩〉 수사가 시작된 후 그들이 회사의 안위를 위해 정권의 비위를 맞춰야 한다고 끊임없이 엄 사장에게 조언한 것으로 알려졌다. 공영방송으로서 MBC의 신뢰를 지키는 것이 회사를 위해 더 중요한 원칙이라는 사실을 그들이 몰랐을 리 없지만 애써 무시했을 것이다. 당시 엄기영 사장의 오른팔로 불리며 〈PD수첩〉 사과 방송을 내야 한다고 강력히 주장하던 김종국 기획조정본부장은 결국 엄 사장이 물러나고 김재철 사장이 낙하산으로 날아온 뒤에도 살아남았다. 마산 MBC 사장이 돼서 김재철 씨의 지시에 따라 지역 통폐합을 주도하고 여기에 반발하는 노조를 탄압했다. 김종국 씨는 그 공로를 인정받아 급기야 2013년 김재철 사장이 해임되자 새로운 MBC 사장으로 선임되기에 이른다. 물론 그 역시 1년을 버티지 못하고 물러났지만.

종편의 탄생, "조중동은 우리 편이잖아"

다시 2008년으로 돌아가자. 겨울에 접어들면서 이명박 정부는 방송 시장에 진출하고 싶어하는 신문사를 위해 종합편성채널(이하 '종편')을 허가하는 이른바 미디어법을 발의하게 된다. 당시 방송법은 방송사와 신문사가 서로를 소유할 수 없도록 규제하고 있었는데 이를 고쳐서 신문사가 일정한 요건 이상의 자본금을 모으면 방송사를 만들 수 있게 하는 것이 미디어법의 요지였다. KBS, MBC, SBS의 공중파 정권은 그렇게 냉혹하다. 충성을 바치며 비위를 잘 맞춘 인물들은 한 번쯤 낙하산 사장이 될 수는 있겠지만 그것도 한때뿐이다. 권력자들은 절대로 그 사람을 예쁘게 봐주지 않는다. 왜냐고? 충성하고 비위를 맞출 인물은 널려 있으니까. 이명박 정권이 들어선 후 MBC와 KBS의 사장들이 3년을 못 채우고 걸핏하면 목이 날아간 이유는 그들이 권력에 충성을 안 해서가 아니다. 더 충성하고 더 잘 보이려는 인물들이 늘 존재하기 때문이다. 다음번 낙하산 사장을 노리고 줄을 선 경쟁자들은 끊임없이 현 사장을 헐뜯고 은밀하게 낙마 작업을 한다. 그런 식으로 점점 더 충성하는 인물이 계속 낙하산 사장으로 투하되면서 양대 공영방송은 국민의 신뢰를 잃고 점점 몰락해왔다. 권력보다 국민을 두려워하고, 언론의 정도를 지킬 신념의 소유자들은 절대 방송사의 사장이 될 수 없는 구조, 그것이 대한민국 공영방송의 비극적인 현실이다.

방송 3사 위주로 형성된 방송 시장을 재편하고 정권에 우호적인 보수 언론들에게 광고 시장을 떼어주기 위한 저의가 깔린 법안이었다. 보수 언론의 도움으로 정권 재창출에 유리한 환경 조성까지 노리는 다목적 포석이었던 셈이다. 〈조선일보〉, 〈중앙일보〉, 〈동아일보〉와 〈매일경제〉는 법안 통과 분위기의 조성을 위해 지면을 통해 종편의 필요성을 역설하며 여론몰이를 하고 있었다. 종편이 생기면 여론이 다양해지고 일자리가 2만 개나 늘어난다는 근거 없는 주장이 매일 이들 신문 지면에 쏟아져 나왔다. 그러나 보수 성향 일색의 이들 신문이 방송에 진출하게 되면 심각한 수준의 정치적 편향과 여론의 왜곡이 발생하고 결국 민주주의의 위기 상황이 도래할 게 뻔한 상황이었다. 당연히 언론노조와 시민단체들은 강력히 반발하면서 미디어법 통과 저지 운동에 돌입했다. MBC를 비롯한 KBS, SBS, EBS, CBS 등 언론노조 산하 방송 노조들은 가을에 미디어법 저지를 위한 총파업 투표를 일찌감치 가결시켜놓고 싸울 준비를 하고 있었다. 최상재 위원장과 방송 노조위원장들은 파업에 앞서 몇 번이나 국회를 방문해 여야 정치권에 미디어법의 부당함을 납득시키려 했다. 당연히 한나라당은 우리의 주장을 거들떠보지도 않았고 만나주지도 않았다. 당시 야당이었던 민주당의 지도부 역시 처음에는 조·중·동 종편이 태어날 경우 어떤 상황이 도래할지 전혀 감을 못 잡고 있었다. 우리는 차근차근 끈질기게 그들을 설득해나갔다. 국민 여론도 조·중·동에 방송까지 줘서는 안 된다는 견해가 우세하게 나타났다. 사태의 심각성을 인지한 민주당은 미디어법 저지를 선언하고 나섰고, 연말이 되자 정국은 미디어법을 둘러싼 여야 대치 국면으로 접어들었다.

그러나 한나라당은 온갖 반대 여론을 무시하고 12월 안에 미디어법과 한미 FTA 비준 동의안을 통과시키겠다고 엄포를 놓았다. 그리고 국회의장 직권 상정을 통한 관련 법안 강행 처리 준비에 들어갔다. 언론노조는 한나라당이 날치기로 처리할 경우 지체 없이 총파업 투쟁에 돌입하겠다고 경고했다. 민주당 의원들 역시 국회 본회의장을 점거해서라도 날치기를 막아야 한다는 비장한 분위기가 감돌기 시작했다.

일촉즉발의 대치 상황이 계속되던 어느 날, 한나라당 홍준표 원내대표가 최상재 위원장과 나에게 회동을 요구해왔다. 만나지 못할 이유가 없었다. 그날 저녁 여의도의 한 식당에서 세 사람이 만났다. 홍준표 대표는 우리를 보자마자 단도직입적으로 말했다.

"이번 한 번만 언론노조가 좀 참아주시오. 미디어법이 통과되면 지상파방송의 숙원인 중간 광고 문제도 국회에서 잘 풀어보겠습니다."

조·중·동에 방송을 주는 대가로 지상파방송에도 선물을 주겠다는 얘기, 한마디로 딜을 하자는 제안이었다. 최상재 위원장은 단호하게 말했다.

"중간 광고 문제에 대해서 저희에게는 협상할 자격도 생각도 없습니다. 우리는 지상파방송이 잘 먹고 잘 살게 해달라고 로비하는 게 아닙니다. 미디어법이 민주주의를 위협하고 있기 때문에 강행 처리하지 말아달라는 겁니다. 그렇게 좋은 법안이면 천천히 절차를 거쳐 토론하고 여론을 수렴하면 되는 일 아닙니까?"

홍준표 대표 역시 굽히지 않았다.

"이런 문제는 오래 토론한다고 답이 나오지 않아요. 어차피 서로 입장이 다른 것 아닙니까?"

"만약 미디어법을 강행 처리한다면 언론노조는 총파업으로 싸울 수밖에 없습니다."

"파업한다고 해도 어쩔 수 없지. 우리는 할 일을 해야 하니까."

내가 참지 못하고 끼어들었다.

"도대체 한나라당은 왜 그렇게 조중동을 챙겨주려고 하는 겁니까? 조중동만 보고 정치하실 겁니까? 솔직히 말씀해보시죠."

홍 대표에게서 돌아온 답변은 놀라웠다.

"박 기자, 솔직히 말하라니까 말해주지. 조중동은 우리 편이잖아."

솔직해도 너무 솔직한 말이었다. 홍준표 의원은 그런 사람이었다. 정치인 홍준표를 오래 접해본 기자들은 민감한 사안에도 거침없이 자신의 생각을 드러내는 품성이 그의 매력인 동시에 단점이라고 말한다. 나는 그와 친한 사이가 아니었지만 그날만큼은 그런 인물평의 의미를 확실히 이해할 수 있었다. 그가 경남도지사에 당선된 후 박근혜 대통령의 경고에도 불구하고 진주의료원 폐업을 강행하면서 보여준 그의 거침없는 행보는 그런 성격의 한 단면일 것이다.

홍준표 의원과 헤어지고 돌아오는 길에 최상재 위원장이 내게 말했다.

"박 위원장, 홍 대표 말 들어보니 곧 직권 상정을 시도할 것 같아. 직권 상정하고 나서 파업하면 한 발 늦지 않아? 우리가 먼저 총파업에 들어가는 게 어떨까?"

내 생각도 다르지 않았다. 언론노조는 며칠 뒤인 12월 26일 총파업에 돌입했다. 전국의 방송사 노조원들이 여의도 국회 앞에 모여 한나라당의 미디어악법 날치기 시도를 규탄하는 집회를 열었다. 거의 동시에 민주당 소속 국회의원들은 국회 본회의장을 점거하고 날치기를 막기 위한 농성에 돌입했다. 한나라당은 역시 의원 총동원령을 내려놓고 김형오 국회의장이 법안을 직권 상정하기만을 기다리고 있었다. 한 치 앞을 내다볼 수 없는 대치 국면은 연말을 넘겨 1월 초까지 계속되었다.

엄기영 사장에게 다시 전화가 걸려온 것은 영하 10도를 넘나드는 강추위 속에서 한창 파업 집회가 열리는 도중이었다.

"박 위원장, 날도 추운데 언제까지 파업을 계속할 생각이요?"

"이길 때까지 해야죠. 꼭 막을 겁니다. 너무 걱정 마세요. 일주일만 열심히 싸우면 되지 않겠습니까?"

"정말 일주일이면 될까? 너무 오래 끌면 다치니까 무리하지 마요. 그러다가 지난번처럼 또 잡혀가면 어쩌려고 그래."

"이번에 잡혀가면 금방 못 나오겠죠, 뭐. 그러니까 파업을 금방 끝낼 수 있게 사장님도 정치인들에게 여기저기 말 좀 해주세요. 한나라당에 친한 의원들 많이 계시잖아요. 사실 회사가 먼저 나서야 될 일을 노조가 대신 하는 것 아닙니까?"

"나도 노력하고 있어요. 아무튼 추운데 박 위원장이나 직원들 고생하는 게 걱정스러워서 그러니 빨리 끝내고 돌아왔으면 좋겠어."

엄 사장의 전화는 놀랍기도 하고 반갑기도 했다. 〈PD수첩〉 사과 방송 이후 몇 달 동안 임금 협상 같은 공식 채널 외에는 사장과의 비공식 대화 채널이 끊긴 상태였다. 당연히 전화 통화나 티타임 같은 것도 없었다. 하지만 그날의 전화 한 통으로 엄 사장에게 서운했던 내 마음 한켠이 조금 풀리긴 했던 것 같다. 그러고 보면 나도 단순하기 이를 데 없는 성격의 소유자다.

내 임기는 여기서 끝났다
끝난 줄 알았다

엄 사장과 회사 측의 물밑 노력 덕분이었는지, 아니면 언론노조의 총파업 투쟁 덕분이었는지 알 수는 없지만, 일촉즉발의 대치 국면에 돌파구가 열렸다. 1월 5일 아침, 박근혜 전 한나라당 대표가 당 최고

중진 연석회의에서 "한나라당이 내놓은 법안이 국민에게 실망과 고통을 안겨주고 있다"고 강한 어조로 당 지도부를 비판한 것이다. 미디어법 강행 처리를 주장하던 한나라당 내 친이파 의원들과 보수 언론은 흥분하면서 박근혜 전 대표를 비난하고 나섰지만, 친박 계열 의원들이 대열에서 이탈하면서 날치기 처리는 물 건너간 상황이 돼 버렸다. 1월 6일, 여야는 결국 2월 임시국회에서 이 문제를 다시 논의하기로 극적으로 합의하기에 이른다. 언론노조의 총파업은 잠정 중단됐다.

 그렇다고 안심할 만한 상황은 아니었다. 2월이 됐다고 해서 상황이 달라진 건 없었기 때문이다. 미디어법을 둘러싼 여야의 견해 차이는 전혀 좁혀지지 않았고, 2월 말이 되자 한나라당은 다시 직권 상정을 준비하기에 이르렀다. 언론노조는 즉각 2차 총파업에 돌입했다. 다시 5일간의 투쟁과 여야 대치 국면이 시작됐다. 이번에도 박근혜 전 대표가 나섰다. 여야가 조금씩 물러서서 처리 시기를 미루자고 제안한 것이다. 결국 3월 2일, 여야는 백 일 동안의 논의를 거친 뒤 정기국회에서 이 문제를 처리하기로 다시 합의했다. MBC 노조위원장으로서의 임기 끝 무렵에 벌어진 두 번의 파업은 그렇게 불안한 성과를 남기고 정리됐다. 그리고 3월 3일, 나는 선배인 이근행 PD에게 노조위원장직을 넘기고 2년간의 임기를 무사히 마쳤다. 그때까지만 해도 '무사히 마쳤다'고 생각할 수밖에 없었다.

공수부대장 김재철, 그리고
열린 방송의 적들

노조위원장 임기를 마친 나는 보도국 복귀를 앞두고 보름 정도 휴가를 떠나기로 했다. 휴가를 가기 전날, 엄기영 사장과 임원들 한 명 한 명에게 인사 전화를 했다. 그동안 혹시 나 때문에 마음의 상처를 받은 게 있으면 다 잊어버리라는 말을 전하고 싶었다. 엄 사장은 반가워하면서 허심탄회하게 차 한잔 마시자고 했다. 사장실로 올라갔다. 엄 사장은 그동안 고생했다면서 다시 〈뉴스데스크〉에서 리포트하는 내 모습을 빨리 보고 싶다고 말했다. 나 역시 엄 사장이 회사의 위기를 잘 넘기고 잘됐으면 좋겠다고 덕담을 건넸다. 엄 사장이 물었다.

"박 위원장, 이제 특파원 갈 때 되지 않았어?"

조만간 있을 특파원 선발을 두고 하는 말인 것 같았다. 지원하면 보내주겠다는 배려로 들렸다. 나는 망설이지 않고 대답했다.

"특파원 가고 싶은 생각이야 왜 없겠습니까. 하지만 노조위원장 마치고 바로 특파원 가면 남들이 욕합니다. 보도국 복귀해서 1, 2년 더 일하다가 떳떳하게 지원해서 실력으로 가겠습니다."

"그래, 그게 정답이지. 그렇게 말해주니 나도 맘이 편하네."

"제 인사는 신경 쓰지 마세요. 저보다 사장님이 더 걱정 아니십니까?"

"내가 더 걱정이라니, 그게 무슨 소리야?"

"올여름에 방문진 이사들이 다 바뀌잖아요. 그러면 사장님 임기도 못 채우고 쫓겨나실지도 몰라요."

"아무려면 날 쫓아내기야 하겠어? 아무튼 걱정해줘서 고맙네."

그때는 농담처럼 서로 웃으며 주고받은 말이었다. 그리고 그게 엄 사장과 나의 마지막 대화였다.

신경민 앵커를
함께 내리자고?

휴가를 마치고 3월 중순에 보도국에 복귀했다. 당시 보도국장은 전영배 선배였고, 〈뉴스데스크〉 앵커는 엄기영 사장의 뒤를 이어 신경민 선배가 맡고 있었다. 전영배 국장은 내가 수습기자 시절 시경캡이었던 인연으로 나와는 꽤 각별한 사이였다. 적어도 나는 그렇게 생각하고 있었다. 국장실에 인사하러 들른 나에게 전 선배가 물었다.

"성제 너 어디 가서 일하고 싶냐? 고생했으니 원하는 곳으로 보내줄게."

"그냥 아무 데나 보내주세요. 전 그냥 일만 하면 됩니다."

"그래? 정말이지? 그럼 사회1부 데스크 어때? 거기서 고생 조금만 해다오. 그러다가 가을 인사 때 좀 편한 데로 보내줄게."

사회1부는 검찰과 법원을 취재하는 법조 팀, 그리고 교육, 보건복지, 환경, 의학 분야를 취재하는 행정 팀으로 나뉘어 있었는데 그중에서 행정 팀 데스크를 맡아달라는 얘기였다. 보도국 데스크 중에서는 꽤 바쁜 자리에 속했다. 나는 오히려 일이 많은 자리라서 더 마음에 들었다. 오랜만에 후배들과 호흡을 맞춰가며 일할 수 있다는 생각에 살짝 흥분되기까지 했다.

"좋습니다. 열심히 할게요."

사회1부 데스크는 예상했던 대로 정신없이 바쁜 자리였다. 때마침 신종플루가 전국을 강타하면서 복지와 의료를 관할하는 우리 행정 팀은 말 그대로 눈코 뜰 새도 없었다. 다행히 행정 팀 기자들 대부분이 성실하고 일을 잘하는 후배들이어서 우리는 적지 않은 특종과 좋은 기획 기사를 내보낼 수 있었다. 그러던 어느 날, 전영배 국장과 나는 단둘이 술을 마시게 됐다. 이런저런 뉴스 얘기를 나누다가 전 국장이 심각한 표정으로 말했다.

"성제야, 내가 너한테 부탁 하나 하려고 한다. 나 좀 도와주라."

"전 선배, 무슨 부탁인데요? 당연히 도와드려야죠."

별생각 없이 대꾸했는데, 이어지는 국장의 말은 황당했다.

"아무래도 신경민 선배를 앵커에서 내려야겠다. 난 그 양반의 클로징 멘트가 너무 맘에 안 든다."

"클로징 멘트가 어때서요? 전 좋기만 하던데요."

신경민 앵커의 〈뉴스데스크〉 클로징 멘트는 당시 장안의 화제였다. 특유의 함축적인 표현, 베테랑 언론인으로서의 내공이 담긴 메시지 덕분이었다. 친하게 지내던 인터넷 언론 기자는 신경민 앵커의 클로징 멘트를 기사로 쓰기 위해 술을 마시다가도 밤 9시 45분이면 DMB를 켠다고 내게 말할 정도였으니까. 문제는 권력의 아픈 곳을 송곳처럼 찌르는 신경민 선배의 멘트를 힘센 사람들이 상당히 불편해한다는 것이었다.

전영배 국장이 다시 말했다.

"난 신 선배의 멘트가 너무 어렵다고 생각한다. 시청자들이 못 알아들을 표현이 많아. 어떤 때는 국장인 내가 들어도 무슨 말인지 모르겠어."

그 말을 믿을 수가 없었다. 짚이는 데가 있어서 단도직입적으로 물었다.

"사장이 앵커를 자르고 싶어하나보죠?"

전 국장은 강하게 부인했다.

"아니, 그건 절대 아니야. 사장님은 아무 말 안 했어. 그냥 내 생각이라니까. 그러니까 네가 좀 도와줘. 넌 노조위원장 했으니까 후배들에게 영향력이 있잖아. 조만간 신 선배한테 인사 발령 낼 테니까 후배들이 반발하면 네가 좀 무마해줄 수 없겠냐?"

"선배, 안 됩니다. 저는 그런 부탁 들어드릴 수도 없고요, 선배 생각이라는 말도 믿기가 힘드네요. 여태까지 보도국장이 〈뉴스데스크〉 앵커를 맘대로 임명하고 자르고 한 적이 있나요? 늘 사장이 결정했잖아요. 이건 보통 문제가 아니네요. 선배가 앵커를 자르려고 하면 기자회에서 가만있지 않을걸요. 저도 후배들과 행동을 같이할 수밖에 없고요."

우리의 논쟁은 거기서 끝났다. 전 국장은 더이상 나를 설득하려고 하지 않았다. 긁어 부스럼이 됐다고 생각했을지도 모를 일이다.

며칠 뒤, 엄 사장이 앵커를 자르고 싶어해서 전영배 보도국장이 곧 총대를 멜 거라는 소문이 회사 내에 파다했다. 4월 8일 밤, 분노한 젊은 기자들의 요구로 기자총회가 열렸다. 많은 후배들이 앵커의 교체를, MBC 뉴스가 권력에 굴종하는 치욕스러운 사태로 규정하면서 엄중히 대처해야 한다고 주장했다. 행동에 나서야 한다는 얘기였다. 기자들이 할 수 있는 행동이란 취재와 리포트 제작을 중단하고 항의하는 것밖에 없었다. 제작 거부였다. 가만히 총회를 지켜보고 있었는데 사회를 보던 후배가 내게 한마디 해달라고 요청했다. 나는 별생각 없이 마이크를 넘겨받았다.

"지금은 대단히 중요한 국면인 것 같습니다. 무협 소설을 보면 주인공과 악당이 맨 마지막에 건곤일척의 승부를 겨루잖아요? 지금이 바로 그 승부의 시점입니다. 악당들은 가장 강력한 초식招式을 준비하고 있어요. 우리도 그에 걸맞은 최강의 카드를 내놔야 합니다. 그래도 막기는 힘들겠지만, 앉아서 당할 수는 없잖아요. 싸우려면 제대로 싸워야 하지 않겠습니까? 여러분이 지금 가려고 하는 길은 옳은 길입니다. 힘내시기 바랍니다."

제작 거부에 나서는 후배들을 격려하는 말이었다. 노조위원장을 2년 하면서 연설을 하도 많이 했더니 이 정도 발언은 아무것도 아니었다. 곧이어 찬반 투표가 진행됐고 74퍼센트의 찬성률로 MBC 기자회는 제작 거부에 돌입했다. 기자회는 비대위원회를 조직해, 회사가 신경민 앵커의 교체 방침을 철회할 때까지 제작 거부를 계속하기로 결정했다. 비대위원장이 된 후배가 내게 말했다.

"박 선배는 아무것도 하지 말고 그냥 가만히 계세요. 저희가 다 알아서 하겠습니다. 선배는 노조위원장도 끝났고, 이제부터는 자신을 좀 챙겨야 하잖아요."

나를 위한 고마운 배려였다. 그러나 회사 내에서는 기자회의 배후에 박성제 전 노조위원장이 있다는 소문이 이미 퍼져나가고 있었다.

"여러분이 지금 가려고 하는 길은 옳은 길입니다"

기자회가 제작 거부까지 불사하면서 막으려고 했지만, 며칠 뒤 회사는 신경민 앵커를 〈뉴스데스크〉 앵커 자리에서 하차시킨다고 발표했다. 뉴스의 경쟁력을 강화하기 위해서라는 게 회사의 공식 입장이었지만 아무도 그 말을 믿지 않았다. 〈PD수첩〉 사과 방송처럼 권력의 압력에 굴복한 또 한 번의 조치였을 뿐이다. 분노한 기자회는 전영배 보도국장의 사퇴를 요구 조건으로 내걸고 투쟁의 수위를 더 높이기로 결정했다. 다음날 아침, 휴대폰 벨이 울렸다. 전영배 국장이었다.

"성제야, 후배들 데리고 올라와라. 이제 업무에 복귀해야지."

그의 목소리가 많이 가라앉아 있었다.

"선배, 그 얘기를 왜 제게 하시죠? 뭔가 오해하시는 것 같은데요, 저는 후배들에게 이래라저래라 못 합니다. 전 그냥 기자회 소속 기자의 한 명일 뿐이에요."

전 국장은 내 말을 못 믿는 눈치였다.

"네가 후배들 지휘하는 거 다 알아. 그러니 이제 그만하고 올라와라. 올라오면 내가 앞으로 제대로 할게."

"다시 말씀드리지만 큰 오해를 하고 계시네요. 그런 얘기는 비대위원장하고 직접 하시죠."

전화를 끊고 나니 더욱 기가 막혔다. 내가 무슨 말을 한들 간부들은 믿지 않을 것이다. 나는 이미 MBC 기자들을 뒤에서 조종하는 배후 인물로 낙인찍혀 있었다. 백 명이 넘는 기자들이 특정한 선배 한두 명의 은밀한 지시에 따라 움직인다는 게 얼마나 비합리적인 가설인지 조금만 생각해보면 알 수 있었다. 어쩌면 희생양이 필요했는지도 모른다. 권력에 대한 굴종을 비판하는 기자들의 정당한 요구를 애써 무시하려면 '저건 다 회사 내 불순 세력의 음모'라는 핑곗거리를 만들어놓아야 할 것 아닌가. 군부독재 정권이 5·18 민주화 운동을 빨갱이들의 음모였다고 선전하고, 이명박 정권이 시민들의 촛불집회를 종북좌파의 선동으로 이해하는 것과 같은 맥락일 것이다.

결국 전영배 보도국장은 기자회의 퇴진 요구를 이기지 못해 사퇴하고 기자회는 업무에 복귀했다. 하지만 신경민 앵커는 부당한 압력에 의해 물러났고, 〈뉴스데스크〉의 신뢰도는 추락하고 있었다. 상처뿐인 투쟁이었다. 그리고 회사 내에서 나의 개인적인 시련도 그때부터 시작됐다.

전영배 국장의 뒤를 이어 임명된 신임 보도국장은 차경호라는 선배였다. 차경호 국장은 주요 보직 부장에 대한 인사를 단행했는데, 새로 정치부장이 된 K선배가 나를 불렀다.

"너 정치부로 와서 나 좀 도와다오."

K선배는 예전부터 나를 무척 아끼고 인정해준 분이었다.

"선배가 부르시면 당연히 가야죠. 무슨 일을 맡기시려고요?"

"당연히 국회반장이지. 국회 취재팀을 완전히 새로 짜보려고 한다. 네가 앞으로 잘 좀 이끌어줘. 그리고 너도 이제 노조 색깔 좀 빼야 할 거 아니야."

"고마워요. 열심히 할게요."

고맙다는 말은 진심이었다. 언론사에서 국회반장은 대단히 중요한 자리다. 여야 정당을 취재하는 국회 출입기자들을 지휘하면서 그날그날 정치부 기사의 맥을 잡고 생산해내야 하는 역할을 맡고 있다. 한마디로 각 언론사의 정치부 기사를 만들어내는 실무 책임자인 것이다. 그래서 정치부장들은 후배들 중에서 가장 신임하는 기자들을 국회반장으로 데려오고 싶어한다. 국회반장으로 일하면서 노조 색깔을 빼라는 것도 나를 위한 K선배의 사려 깊은 배려였다. 노조위원장 경력이 결코 부끄러운 일은 아니지만 기자로서의 나의 이미지가 강경, 좌파 같은 색으로만 보이는 게 K선배는 안타까웠을 것이다.

그런데 다음날, K선배가 나를 다시 불렀다. 불만이 가득한 표정이었다.

"성제야, 미안하다. 너를 국회반장으로 쓰겠다고 차경호 국장에게 말했는데 무지 반대하네. 노조위원장을 지낸 기자를 국회에 보내면 여당에서 뭐라고 하겠냐더라. 말도 안 되는 얘기지만 내가 힘이 없구나."

K선배는 진심으로 미안해했지만 나는 별로 실망스럽지 않았다.

기자 한 명의 인사 문제를 놓고서도 정권의 눈치를 살피는 보도국장. 그것이 추락하기 시작한 MBC 뉴스의 위상으로 보여 안타까웠을 뿐이다. 그날 오후 사회2부장이 된 J선배가 다시 나를 불렀다. J선배 역시 K선배 못지않게 나를 아끼고 신임하는 분이었다.

"얘기 들었다. K부장이 너 국회반장으로 당기려고 했는데 차 국장에게 까였다면서? 신경 쓰지 말고 사회2부로 와라. 사건 데스크를 맡아다오."

사회2부는 서울과 수도권에서 벌어지는 모든 사건 사고를 취재해야 하는 부서다. 보도국에서 가장 젊은 기자 30여 명이 몰려 있다. 사건 데스크는 그 많은 기자들을 통솔해야 하는 사회부장의 오른팔 같은 자리다. 물론 J선배의 제안이 고마웠지만, 나는 솔직히 차 국장이 또 반대할 것 같았다.

"선배, 말씀은 고마운데 차 국장이 안 된다고 할 겁니다. 신경 안 써주셔도 돼요."

J선배는 정색을 하면서 말했다.

"무슨 소리야. 정치인 상대하는 국회반장도 아니고, 사건 데스크는 고생만 죽도록 하는 자리인데 국장이 그걸 반대할 리가 있나? 걱정 마. 내가 무조건 관철시킬 테니까."

"글쎄요, 차 국장은 내가 많은 후배들을 지휘하는 자리에 가는 걸 무서워하거든요."

예상대로였다. 나는 이번에도 국장의 반대로 사건 데스크가 되지 못했다. 미안해하는 J선배를 오히려 내가 달래줘야 할 판이었다. 내가 후배들과 호흡하는 걸 그토록 싫어하는 차 국장이 나를 사회1부 데스크에는 왜 계속 놔두고 있는지 궁금해졌다.

며칠 뒤, 보도국장이 주관하는 부서 회식이 열렸다. 폭탄주 몇 잔을 들이켠 국장은 〈뉴스데스크〉 시청률 하락의 원인을 기자들이 열심히 안 해서, 기사를 잘 못 써서인 것처럼 말하기 시작했다. 신경민 앵커가 부당하게 잘리고 정권 눈치 보기가 심해지면서 시청자들이 떠나가고 있는 현실에 대해서는 한마디도 하지 않았다. 모든 것이 그저 기자들 탓이었다. 나는 결국 참지 못하고 한마디 던졌다.

"국장님, 후배들이랑 한잔하러 오셨으면 후배들 이야기를 좀 들으셔야죠. 그렇게 혼자서 설교만 하실 거면 뭐 하러 회식합니까?"

놀랍게도 국장의 입에서 상스럽기 그지없는 욕설이 튀어나왔다.

"뭐라고? 이런 X새끼가. 야, 박성제! 네가 아직도 노조위원장인 줄 알아? 이 새끼가 어디다 대고 헛소리야?"

나는 그날 국장의 욕설을 지금까지 단 한 자도 빼놓지 않고 똑똑히 기억하고 있다. 그만큼 내게는 충격이었다. 나는 분노를 억누르면서 경고했다.

"차 선배, 지금 내게 한 상소리에 대해 사과하쇼. 그렇지 않으면 보도국장이 기자들 앞에서 데스크에게 쌍욕을 퍼부었다고 분명히 공개하고 문제 삼을 테니까."

차 국장은 순간 뜨끔했는지 곧바로 미안하다고 말했다. 그러나 그의 얼굴은 전혀 미안한 표정이 아니었다. 술자리 분위기는 싸늘해졌다.

그 회식이 있고 얼마 뒤, 나는 전국부 데스크로 인사 발령이 났다. 전국의 계열사에서 올라오는 지역 기사를 처리하는 자리였다. 물론 후배 기자들 없이 혼자서 일하는 자리였다. 그래도 나는 즐겁게 일했다. 지역 MBC의 기자들과 좋은 기사를 만들기 위해 전화로 이런저런 이야기를 나누면서 일하는 건 생각보다 보람 있는 업무였다. 노조위원장 시절에 지역 계열사를 많이 다니면서 젊은 조합원들과 어울렸던 게 큰 도움이 됐음은 물론이다.

"저도 꼭 하고 싶어서 하는 수사가 아닙니다"

회사 내에서 거듭되는 인사상의 불이익은 그래도 견딜 만했다. 좋다는 보직에서 밀려나거나 취재 현장을 뛰지 못해서 받는 스트레스는 사실 마음먹기 나름이다. 하지만 검찰의 수사 대상이 되어 형사피고인으로 법정에 서게 된 것은 전혀 다른 차원의 시련이었다.

2009년 5월, 최상재 언론노조위원장과 나는 업무방해와 불법 집회 혐의로 기소를 당했다. 우리를 고발한 사람은 '라이트코리아'라는 보수 우익 단체의 봉태홍 대표였다. 봉태홍 씨는 광우병 촛불집회 당시 시민단체 인사들이나 가수 신해철 씨, 민주노동당 의원들 같은 이른바 진보 진영의 인사들을 닥치는 대로 고발해온 인물이었다. 나에 대한 고발 내용은 두 차례 불법 파업을 주도해서 MBC의 업무를 방해했다는 것이었다. MBC 경영진조차 불법 파업이라고 규정하지 않은 파업을 보수 단체 대표가 MBC의 이익을 해쳤다며 고발한다는 게 황당한 일이었지만, 검찰은 그 고발을 즉각 접수하고 미디어법 파업과 관련된 방송사 노조의 집행부에 대한 대대적인 수사에 착수했다. 나 역시 영등포경찰서와 남부지검에 불려나가 조사를 받았다. 미디어법 파업 당시 상황에 대한 여덟 시간에 걸친 꼼꼼한 조사를 마친 뒤에 담당 검사와 나눴던 대화가 아직도 기억난다.

내가 물었다.

"검사님, 딱 하나만 물어보겠습니다. MBC가 나를 고발하지 않았는데 제삼자가 나를 MBC 업무방해 혐의로 고발하고 검찰이 기소하는 게 말이 됩니까?"

검사의 답변은 의외로 솔직했다.

"그걸 제게 물어보면 제가 뭐라고 대답하겠습니까? 저도 꼭 하고 싶어서 하는 수사는 아닙니다."

더이상 나도 할 말이 없었다. 하고 싶어서 하는 게 아니라니, 바꿔 말하면 위에서 시켜서 하는 수사라는 말이 아닌가. 결국 최상재 언론노조위원장과 나, 이근행 위원장, 노종면 YTN 위원장 등 미디어법 파업을 주도했던 인물들은 형사피고인 신분으로 재판에 넘겨졌다. 재판 과정은 꽤 길었다. 민주노총 법률원과 민변 소속 변호사들이 우리의 변호를 자청해서 맡았고, 1심과 2심을 포함해 2년에 걸친 치열한 법정 공방이 이어졌다. 2011년 11월, 최상재 위원장은 징역 1년에 집행유예 2년을 선고받았고 나를 비롯한 다른 방송사 위원장들은 각각 수백만 원씩의 벌금형을 선고받았다. 그리고 이 사건은 아직도 대법원에 계류 중이다. 불법 파업을 벌인 형사범이 되어 재판을 받으면서 내가 확실하게 절감한 것이 있다. 대한민국 검찰이 권력의 시녀라는 오명을 씻으려면 아직 멀었다는 점이다.

그러던 와중에 MBC는 다시 격랑 속으로 빠져들었다. 2009년 여름, 노무현 정권 때 임명된 방문진 이사들이 모두 임기를 마치고 새로운 이사진이 들어섰다. 이사장은 한국외국어대 교수를 지낸 김우룡 씨였고, 여당 추천 이사들은 보수 성향이 짙은 인사들로 포진됐다. 새 방문진의 첫번째 목표는 엄기영 사장을 끌어내리는 것이었다. 그들은 〈PD수첩〉은 물론 MBC의 각종 시사 프로그램이 종북좌파적인 내용으로 물들어 있다고 억지 주장을 펼치면서 끊임없이 경영진을 들들 볶아댔다. 2010년 2월, MBC 임원진의 선임 문제를 놓고 엄기영 사장과 방문진은 다시 갈등을 빚었다. 김우룡 이사장이 사장의 임원 선임권을 인정하지 않고 엉뚱한 인물들을 MBC 임원으로 밀어넣으려 했기 때문이다. 결국 엄 사장은 방문진의 횡포에 항의해 사표를 던졌다. 물론 방문진은 기다렸다는 듯 즉각 사표를 수리했다. 1년 전 내가 엄 사장에게 농담처럼 던졌던 말이 그대로 현실이 된 셈이다. 엄기영 사장은 그 후 한나라당에 입당해 강원도지사 보궐선거에 출마했다. 그리고 역시 MBC 사장 출신인 민주당 최문순 의원과 맞붙었으나 패배했다.

엄기영 사장이 떠나간 후, 방문진은 새로운 MBC 사장을 찾는다면서 후보 공모에 나섰다. 누가 봐도 눈 가리고 아웅 하는 짓거리였다. 어차피 다음 사장이 누가 될지 세상이 다 알고 있었기 때문이다. 마침내 김재철 씨는 그렇게 염원하던 MBC 사장이 됐다. KBS의 경우 석 달 전에 이미 MB의 언론특보를 지낸 김인규 씨가 이병순 사장의 뒤를 이어 사장으로 업무를 시작한 상황이었다. KBS와 MBC, 대한민국 양대 공영방송의 낙하산 사장 체제가 비로소 완성된 것이다.

이근행 위원장이 이끌던 MBC 노조는 김재철 사장 출근 저지 투쟁을 벌이다가 결국 낙하산 사장을 몰아내기 위한 파업에 돌입했다. 39일 동안 열심히 싸웠지만 정권과 김 사장은 끄떡도 하지 않았다. 이근행 집행부는 더이상의 희생을 막기 위해 파업을 접고 업무 복귀를 선언했다. 그리고 얼마 뒤, 김재철 씨는 이근행 위원장을 해고해 버렸다. 이명박 정부에 들어서 YTN에 이어 MBC에도 첫번째 해고

왜 파업은 항상 불법일까. 우리나라 검찰은 합법적인 파업의 범위를 아주 좁게 해석한다. 임금 인상이나 근로 조건 개선을 요구하는 파업이 아니면 대부분 불법의 굴레를 벗어날 수 없다. 기업의 구조 조정에 따른 대규모 정리 해고, 노동자들의 이익에 반하는 정부 정책에 항의하는 파업은 다른 나라에서는 당연히 합법이지만 우리나라에서는 불법이다. 그리고 그 불법 파업을 처벌하는 근거는 바로 '업무방해죄'다.

미디어법 날치기 처리에 반대하면서 총파업을 벌인 방송사 노조위원장들에게 검찰이 적용한 혐의도 '업무방해죄'였다. 2013년 말, 철도 민영화 반대를 외치며 파업을 벌였던 철도노조 집행부에게 적용된 혐의도 '업무방해죄'다. "위력으로써 사람의 업무를 방해한 자는 5년 이하의 징역 또는 1천5백만 원 이하의 벌금에 처한다"고 규정한 형법 제314호에 따른 것이다. 이 법에 따르면 결국 모든 파업은 죄가 된다. 파업은 기본적으로 업무를 방해해서 원하는 권리를 쟁취하고자 하는 게 아닌가? 파업에 업무방해죄를 적용하는 것은 한국이 거의 유일하다고 한다. 결국 우리나라에서 합법적인 파업을 하려면, 오직 임금 인상만을 요구 조건으로 내걸고, 회사의 업무를 방해하지 않도록 조심조심 하면서, 경영진의 비리를 고발하거나 정부 정책에 항의하는 목소리를 내는 일을 삼가야만 하는 것이다. 합법 파업은 '미션 임파서블'인 것이다.

언론인이 생겨난 것이다. MBC 노조의 암흑의 세월이 본격화되고 있었다.

제대로 된 MBC 뉴스를 만들고 싶었다

김재철 사장이 노조의 저항을 짓밟고 친정 체제를 구축하는 동안 나는 전국부 데스크를 거쳐 선거방송기획단 부장, 그리고 〈아침뉴스〉 팀장으로 이리저리 인사 발령을 겪으면서 자리를 옮겨 다니고 있었다. 해외 특파원 선발에서도 떨어졌다. 내가 특파원 후보에 지원하자 심지어 보수적 간부들의 사내 모임인 '공정방송노조'는 노조위원장을 지낸 나를 특파원으로 보내면 안 된다고 성명까지 발표했다. 그래도 나는 단 한 번도 인사에 불만을 표시하지 않고 묵묵히 일했다. 2010년 6월 2일, 지방선거 개표 방송에서는 심야 시간까지 두 자릿수의 시청률을 기록하는 성공을 거뒀다. 그리고 보도국 〈아침뉴스〉 팀장으로 복귀해보니 〈아침뉴스〉 시청률이 5, 6퍼센트대에 머물러 있었다. KBS에 비해서는 반토막이었고, SBS에도 밀리는 시청률이었다.

뉴스가 변하기 시작하면 시청자들은 금방 알아차린다. 어떤 소식이 다뤄지고 어떤 소식이 다뤄지지 않는지 요즘은 인터넷으로 금방 확인할 수 있기 때문이다. MB 정권 초반만 해도 MBC 뉴스밖에 볼 게 없다고 칭찬하던 시청자들이었다. 그런데 정권이 싫어하는 뉴스는 내보내지 않는 〈뉴스데스크〉에 실망한 사람들이 〈아침뉴스〉에서도 떠나가기 시작한 것이다. 내가 정한 목표는 최소한 〈아침뉴스〉에서만이라도 제대로 된 뉴스를 하는 것이었다.

먼저 몇 가지 새로운 포맷을 만들었다. 아침 6시대에는 조간신문 브리핑을 통해 각종 일간지의 헤드라인을 정리해주고, 인터넷에서 화제가 된 동영상이나 사진을 소개하는 뉴스를 만들었다. 인터넷 포털사이트의 협조를 받아 매일 아침 실시간 검색어 순위에 오른 소식들을 순발력 있게 정리해주는 코너도 도입했다. 7시부터는 정통 스트레이트 뉴스의 복귀를 슬로건으로 내걸고 힘 있는 뉴스를 만들기 위해 애썼다.

때마침 기자회장을 맡고 있던 박성호 기자가 〈아침뉴스〉 앵커로 발령받아 함께 일하게 됐다. 박성호 씨는 선후배들의 신임을 받고 있는 뛰어난 기자이자 내 고등학교 후배여서 나와는 호흡이 아주 잘 맞았다. 매일 새벽 4시면 우리는 뉴스 PD와 함께 밤 동안의 어떤 소식을 그날의 주요 뉴스로 내보낼지 마음을 터놓고 상의했다. 그 결과, 한미 FTA 반대 집회에 대한 경찰의 무자비한 진압, 미국에서 진행되고 있는 BBK 관련 재판 소식, 강력한 대권 주자로 떠오르고 있는 안철수 씨 관련 소식처럼 권력이 민감해하는 뉴스들을 MBC 〈아침뉴스〉에서는 놓치지 않고 볼 수 있었다. 시청률이 서서히 오르기 시작했다. 1년이 지나자 MBC 〈아침뉴스〉의 시청률은 두 자릿수를 넘볼 정도로 상승해 KBS와 동시간대 1위를 다툴 정도가 됐다. 적어도 아침에는 국민에게 부끄럽지 않은 뉴스를 전하고 있다는 자부심이 있었다.

1백70일의 파업,
그 자리에 남겨진 사람들

2011년 가을의 일이다. 모 선배가 부친상을 당해 저녁에 문상을 갔는데 김재철 사장이 상가에 나타났다. 자연스럽게 기자들과 김 사장이 같은 테이블에서 대화를 나누게 됐다. 김 사장은 기자들에게 지방사 사장을 해봐야 본사 사장을 할 수 있는 거라며 자기 자랑을 하기 시작했다. 울산 MBC와 청주 MBC 사장을 지내면서 경영 능력을 쌓았다는 얘기였다. 대통령과의 친분으로 낙하산 사장이 된 인물이 마치 자기 능력으로 사장이 된 것처럼 떠드는 게 역겨웠지만 나는 떨떠름한 표정으로 묵묵히 듣고만 있었다. 그때 김 사장이 나를 바라보며 물었다.

"박 위원장, 내 얘기 어떻게 생각해? 노조 하면서 지역 계열사 많이 다녀봐서 잘 알 것 아닌가?"

순간 말문이 막혔다. 박 부장이 아니라 박 위원장이라니. 노조위원장 그만둔 지 3년이 다 돼가는데 저 양반은 나를 아직도 위원장으로 생각하고 있구나. 나는 짧게 대꾸하고 자리에서 일어섰다.

"글쎄요, 사장님 말이 틀린 건 없는데 뭐 능력만으로 MBC 사장이 되는 건 아니지 않습니까? 저는 내일 아침 뉴스 때문에 이만 먼저 일어나겠습니다."

다음날, 그 자리에 있던 선배 한 명이 내게 귀띔해줬다. 내가 자리를 뜬 다음 사장의 얼굴이 벌레 씹은 표정이었다는 거다. 나는 그냥 웃어넘겼다.

김재철 사장이 MBC를 장악하는 방식은 의외로 간단했다. 지금까지 인정을 못 받고 있던 인물들을 요직에 배치하는 것. 발탁 인사라는 허울 좋은 명분을 내세웠지만, 실상은 간부들이 알아서 충성하게 만드는 데는 최고의 방법이었다. 덕분에 정치적으로 편향된 사고를 가졌거나 업무 능력이 떨어진다는 평을 받고 있던 인물들이 사장의 은총을 받아 대거 주요 보직에 등용됐다. 어쩌면 기자 시절에 특별한 능력을 발휘하지 못했던 김재철 씨가 MB를 만나 덜컥 MBC 사장이 된 것과 마찬가지가 아닐까. 회사 곳곳의 요직에 포진한 김 사장의 친위부대들은 사장이 일일이 지시하지 않아도 알아서 민감한 뉴스는 빼버리고 시사 프로그램에 시시콜콜 간섭하기 시작했다. 김문수 경기도지사와 소방관의 통화 내용, 이명박 대통령의 내곡동 사저 관련 비리 등 전 국민의 관심이 집중된 뉴스가 메인 뉴스에서 빠져버리는 사태가 잇따랐다. 4대강 공사의 문제점을 심층 취재한 〈PD수첩〉은 아예 통째로 불방시켜버렸다. 5공 정권 때도 보기 힘들었던 초유의 사태가 MBC 안에서는 일주일이 멀다 하고 벌어진 것이다. 노조가 공정방송협의회를 열어 사장에게 따지려 했지만 김 사장은 응하지 않았다. 오히려 내가 지시한 일이 아니라며 발뺌하기 일쑤였다.

그러는 동안 시청자들의 시선은 싸늘해져갔다. 늘 상위권을 맴돌던 뉴스 신뢰도가 끝없이 추락하고, '만나면 좋은 친구'였던 MBC는 인터넷상에서 언제부턴가 '엠빙신'으로 불리기 시작했다. 치욕스럽기 짝이 없는 별명이었지만 딱히 변명할 말이 없었다.

급기야 2011년 말, 한겨울에 열린 한미 FTA 반대 집회에서 MBC 카메라기자가 취재 도중 시민들에게 욕을 먹고 쫓겨나는 수모를 겪었다. 부글부글 끓던 기자들의 분노가 폭발할 지경이 되자 기자회장이던 박성호 앵커는 기자총회를 소집했다. 일사천리로 진행된 총회에서 기자들은 보도본부장과 보도국장에 대한 신임투표를 실시하기로 결정했다. 하필 그때 나는 휴가 중이어서 총회에 참석하지 못했다가 나중에 신임투표를 한다는 애기를 듣고 깜짝 놀랐다. 아끼는 후배 박성호가 다칠까 걱정됐기 때문이다. 박성호를 불러 말했다.

"너 괜찮겠어? 신임투표 결과를 발표하면 사장과 본부장이 난리 칠 텐데."

"괜찮아요. 투표했으면 당연히 결과를 발표해야죠. 설마 뭔 일이야 있겠어요?"

박성호의 대답에는 굳은 의지가 담겨 있었다. 그래서 더 걱정이 됐다.

"아마 너 앵커 잘릴 거야. 어쩌면 징계받거나 해고당할지도 몰라."

"앵커 잘리면 잘리는 거죠. 앵커가 뭐 벼슬인가요. 설마 해고야 당하겠어요?"

그때 나는 박성호에게서 몇 년 전의 내 모습을 봤다. 고민 끝에 노조위원장에 나서기로 결심하던 내 모습을 말이다. 설마 뭔 일이야 있겠어? 하며 십자가를 넘겨받았지만 그 후로 내 인생은 고달파졌다. 인사상의 불이익, 종북좌파 언론인이라는 딱지, 심지어 형사 기소까지 당해 재판까지 받고 있지 않은가?

"성호야, 지금까지는 기자회장의 역할이 그냥 친목 단체 얼굴마담이었다. 하지만 이제부터는 달라질 것 같아. 어려운 싸움을 지휘해야 하고 중요한 결정을 내려야 될 거야. 얼굴마담이 아니라 리더가 되는 거지. 물론 넌 아주 잘할 거다. 하지만 네 인생도 앞으로 달라질 거야."

박성호는 걱정 말라면서 웃어넘겼다. 그리고 며칠 뒤, 압도적으로 불신임이 가결된 투표 결과를 공개했다. 김재철 사장은 박성호를

〈아침뉴스〉 앵커 자리에서 잘라버렸다. 분노가 폭발한 기자들은 즉시 제작 거부를 결의하고 5층 보도국에서 철수했다. 박성호 앵커가 보직 해임된 날 오후, 나는 보도국장실을 찾아가 팀장직을 그만두겠다고 선언했다. 그리고 후배들과 함께 싸우기 위해 1층 로비로 내려갔다. 그것이 한국 언론사에서 가장 처절한 싸움으로 기록될 MBC 1백70일 파업 투쟁의 시작이었다.

나는 더이상 아무 말도 할 수 없었다

노조는 기자들의 제작 거부를 바로 이어받아 공정 방송 회복과 낙하산 사장 퇴진을 위한 총파업에 돌입했다. 파업을 이끌던 노조위원장은 내가 위원장이던 시기에 사무처장을 맡아줬던 정영하 씨였다. 정영하 역시 동기인 나에 대한 의리 때문에 엮였다가 노조위원장의 십자가까지 짊어지는 기구한(?) 운명을 겪게 된 인물이다.

파업 초반, 국민들의 지지는 대단했다. MBC 노조가 정권의 낙하산 사장을 몰아내고 예전의 신뢰를 회복하기를 바라는 염원이 담겨 있었을 것이다. 거리에서 집회를 열면 시민들이 파업 성금을 보태주고, 방송사 경영진의 눈치를 봐야 하는 연예인들까지도 성원의 메시지를 앞다퉈 보내왔다.

게다가 예전 파업 때는 참여하지 않았던 간부 사원들이 대대적으로 동참하면서 파업의 열기가 더욱 높아졌다. 대표적인 예가 최일구 선배 같은 분이었다. 뉴스데스크 주말 앵커이자 부국장이었던 최 선배는 누구보다도 먼저 후배들의 싸움에 지지를 보내면서 미련 없이 앵커 자리를 내던졌다. 그리고는 서울 시내에서 열린 파업집회에 나타나 눈물을 흘리며 감동적인 연설을 했다.

"후배 여러분, 87년 민주화 투쟁을 제대로 보도하지 못했던 MBC 뉴스가 국민들에게 얼마나 욕을 먹었는지 저는 똑똑히 기억하고 있습니다. 다시 그런 세상이 오면 안 됩니다. 용광로처럼 단결해서 꼭 공정보도를 쟁취해야 합니다."

이 연설은 '최일구의 눈물'이라는 헤드라인으로 사진과 함께 다음날 모 일간지 1면에 보도됐고, 후배들은 큰 용기와 힘을 얻었다.

때마침 노조에 김재철 사장의 법인카드 사용 내역이 입수됐고, 노조는 이를 공개했다. 김 사장을 비난하는 여론이 더욱 거세졌다. 2년 동안 7억 원에 이르는 거액을 법인카드로 물 쓰듯 썼다는 사실이 드러났기 때문이다. 엄연히 있는 집을 놔두고 특급 호텔에서 지내고, 외국 출장을 갈 때마다 면세점이나 명품 숍에서 수백만 원어치씩 사치품을 사는가 하면, 심지어 일본의 고급 마사지 숍에서 신원을 알 수 없는 여성에게 수십만 원짜리 마사지를 받고 법인카드로 결제한 사실까지 드러났다. 고위 공직자와 같은 수준의 도덕성을 요구받는 공영방송사 사장으로서 있을 수 없는 행태가 만천하에 공개된 셈이었다. 만약 장·차관이나 공기업 사장이었다면 목이 날아가는 것은 물론 사법 처리까지 받았을 사안이었다.

김 사장과 무용가 J씨의 특별한 관계가 폭로되자 김 사장은 한때 궁지에 몰리는 듯했다. 김 사장이 J씨의 친오빠를 중국 현지의 특별 직원으로 채용해 수백만 원씩 월급을 주고, J씨와 함께 아파트를 구입하는가 하면, 지역 MBC 사장 재임 시절부터 20억 원에 가까운 출연료를 J씨가 대표로 있는 기획사에 몰아줬다는 의혹이 드러났다. 급기야 J씨의 일본인 남편이 김 사장과 J씨가 일본 여행 때 한 호텔방에 투숙했다는 내용의 편지를 국회로 보내오자 몇몇 한나라당 의원들까지 김재철을 그냥 놔두면 안 된다고 말하기 시작했다.

그러나 청와대는 꿈쩍도 하지 않았다. 여론에 밀려 김재철 사장을 물러나게 하면 좌파 노조와의 싸움에서 굴복하는 것이라는 인식이 청와대와 여당 내에 팽배해 있었다. 물론 '내가 있어야 좌파 노조를 제압할 수 있다'는 김재철 사장의 로비가 통한 덕분이었다. 청와대의 든든한 지원을 등에 업고 김 사장은 노조에 반격을 가하기 시작했다. 김 사장의 첫번째 반격 수단은 해고였다. 첫번째 해고 대상은 파업의 단초가 된 기자회 제작 거부를 이끈 박성호 기자회장이었다. 박성호가 해고된 날, 나는 성호에게 문자를 보냈다.

'성호야, 사랑한다.'

박성호의 답변도 간단했다.

'저도요.'

나는 더이상 아무 말도 할 수 없었다.

박성호 기자회장에 이어 정영하 노조위원장과 강지웅 사무처장, 이용마 홍보국장 등 노조 집행부가 연달아 해고를 당했다. 그리고 6월 20일, 〈PD수첩〉의 상징이었던 최승호 선배와 내가 그 뒤를 이었다. MBC 파업으로 해고된 언론인은 그렇게 여섯 명이 됐다. 3년 전 YTN의 낙하산 반대 투쟁 때 해직된 언론인과 같은 수였다.

김재철 씨가 최승호 PD와 나를 해고한 이유는 무엇이었을까? 이 책의 서두에서도 언급했지만 우리 두 사람은 전직 노조위원장이라는 점 말고는 파업에서 한 일이 없다. 김 사장은 아마도 PD 중에서는 최 선배를, 기자 중에서는 나를 파업의 배후 인물로 생각했을 것이다. 특히 나에게는 개인적인 복수심이 작용했을 것 같다. MB가 대통령에 당선된 직후 MBC 사장으로 날아오려 했지만 노조가 성명까지 내면서 막았던 게 나에 대한 증오의 첫 발화점이 아니었을까. 2013년 봄, 김재철 씨는 사장에서 해임된 직후 〈신동아〉 5월 호에 실린 인터뷰에서 내 실명을 거론하면서 그 일을 언급한 적이 있다. 문제의 그 기사를 그대로 옮겨본다.

노조원들의 마음을 왜 움직이지 못했나? (〈신동아〉 기자 질문)

"사실 울산 MBC 사장 3년, 청주 MBC 사장 2년을 하는 동안 서울에 있는 후배들을 거의 못 봤다. 그 시간이 문제였던 것 같다. 무엇보다 2010년에 처음 사장이 됐을 때 우리 노조가 밀던 분이 따로 있었다. OOO(MBC미술센터) 사장이라고, 나와는 고려대 동기인데 당시 이근행 노조위원장의 선배인 박성제 전 노조위원장이 OOO 사장이 정치부장 하던 시절 그 밑에 있었다. 둘이 굉장히 친하다. 박성제 위원장이 굉장히 강력한 위원장이었다. 이근행 위원장 체제라고 하지만 사실상 박성제 전 위원장이 모든 걸 하고 있었고 처음에 날 반대했다.

지방사 사장을 하는 동안 후배들을 못 봐서 노조의 마음을 움직이지 못하고, 내가 특정 인물을 사장으로 밀기 위해 자신을 반대했다니, 이 정도면 과대망상을 넘어 헛것을 보는 정신착란 증세라고 봐야 한다. 발언의 허구성은 논외로 하더라도 그가 나를 MBC 노조의 모든 것을 조종하는 배후 인물로 생각했다는 점은 분명한 것 같다. 내가 먼저 위원장을 했다고 해서 이근행 위원장보다 선배일 거라고 착각하고 있는 점을 보면 더 명백해진다.

김재철 씨는 인터뷰에서 자신이 좌파 성향에 물든 노조를 제압했다고 자랑하고 있다. 낙하산 사장을 반대하면 좌파, 공정 방송 하자고 요구하면 좌파, 4대강 건설공사의 문제점을 파헤쳐도 좌파…… 이것이 그의 사고방식이자 생존 방식이다. 그에게는 파업에 참여한 MBC의 8백여 명 후배들이 모두 좌파로 보였을 것이다. 그리고 전직 노조위원장 박성제는 호시탐탐 자신을 끌어내리고 다른 인물을 사장으로 옹립하기 위해 음모를 꾸미는 좌파 조직의 숨은 보스였을지도 모른다.

나는 그저
원칙을 버리기가 싫었다

나를 잘 아는 친구들과 취재원들은 내가 노조위원장이 됐다는 소식을 처음 들었을 때부터 전혀 이해하지 못했다. 한번은 대학 동창회에 나갔다가 "너 같은 부르주아 한량이 노조 운동을 한다고 해서 깜짝 놀랐다"는 말까지 들었다. 내가 노조 운동을 한 것은 거절을 못하는 내 성격 탓이다. 나는 그저 원칙을 버리기가 싫었다. 기자회장 박성호 씨도, YTN의 노종면 기자도 마찬가지다. 모두들 평범하고 일밖에 모르는 언론인이었다.

지난해에 국정원 댓글 사건을 수사했던 검사 중에 친한 후배가 한 명 있다. 공안부 경력만 10년이 넘을 정도로 정치적으로 보수 성향인데다 선거 때는 한나라당만 찍었단다. 하지만 그는 국정원 수사를 열심히 하다가 순식간에 좌파 검사로 매도당해 지방으로 쫓겨 갔다. 동문회 술자리에서 왜 그렇게 열심히 수사해서 욕을 보느냐고 물었다. 후배의 답은 간단했다.

"형, 검사로서 쪽팔리지 않으려고 수사한 것뿐이에요. 죄지은 놈들 수사하는 거, 그게 검사의 자존심이잖아요."

그렇다. 요즘 세상은 나처럼 평범한 기자를 순식간에 종북 언론인으로 만들어버린다. 그 후배처럼 자존심 강한 검사를 좌파 검사로 낙인찍는다. 걸핏하면 종북, 아무에게나 좌파 딱지를 붙인다. 심지어 세월호 참사와 관련한 정부의 무능력과 무책임을 비판하는 이들까지 좌파로 몰아붙이는 게 이 나라의 보수 세력 아닌가. 위기에 처한 권력은 희생양을 찾는다. 이명박 정부는 촛불을 종북좌파의 음모로 몰아붙이면서 기사회생할 수 있었다. 정권 안보를 위해 부추기는 진영 논리와 좌파 낙인찍기는 우리 사회의 모든 논쟁을 천박한 이념 대결로 전락시키고 있다. 그 질곡과 모순이 차오르고 차올라 결국 폭발하고 만 게 MBC 1백70일 파업이 아니었을까.

나는 무엇을 위해 사는 걸까?

2012년 7월 17일, 1백70일간을 이어온 MBC 파업이 끝나고 조합원들은 업무에 복귀했다. 김재철 사장은 커다란 타격을 받았지만 사장 자리를 지켜냈다. 사장을 몰아내지 못했음에도 불구하고 노조가 파업을 접은 이유는 정치권의 중재 때문이었다. 여야 원내대표가 국회 개원 협상 때 앞으로 MBC 문제를 해결하기 위해 노력하겠다는 합의안을 발표했다. 방송통신위원회 위원들의 약속은 좀 더 구체적이었다. 여야 방통위원들이 8월 말에 새 방문진이 들어서면 김재철 사장을 해임하기로 합의했다면서 합의문까지 노조에 보여줬다. 여기에다 결정적으로 새누리당 대선 후보인 박근혜 캠프의 한 인사가 박 후보의 뜻을 전해왔다. 박근혜 후보가 MBC 김재철 사장의 행태를 좋지 않게 생각하고 있으니 새 방문진이 구성되면 모든 게 잘 풀릴 거라는 약속이었다. 노조가 일단 파업을 풀어야 박 후보가 당에서 문제를 풀 수 있다면서 업무 복귀를 당부했다. 고민 끝에 노조 집행부는 파업 철회를 선택했고, 조합원들은 며칠간 치열한 토론을 벌이다 집행부의 결정을 수용했다.

그즈음 나에게는 해고의 후유증이 서서히 밀려오고 있었다. 해고 후 일주일쯤 지났을까. 회사에서 연락이 왔다. 전화를 건 젊은 직원이 쭈뼛쭈뼛 용건을 꺼냈다.

"박 부장님, 죄송합니다. 스마트폰하고 노트북을 반납하셔야 되겠습니다."

"반납하라고요? 정년퇴직하는 선배들 보니까 쓰던 휴대폰이랑 노트북을 그냥 가지고 나오던데."

"퇴직하는 직원은 그냥 드리지만 해고된 직원은 반납해야 합니다. 정말 죄송합니다. 회사 규정이라서요. 곧 복직되실 테니 그때는 더 좋은 최신형으로 바꿔드릴게요."

씁쓸한 웃음이 나왔다. 그래, 규정이라는데 어쩌겠나. 나도 썰렁한 농담으로 되받았다.

"그럼 지금부터 스마트폰이랑 노트북, 뭐가 좋은지 알아볼까요? 제일 비싼 걸로 골라놔야겠네."

저녁에 돌아오니 아내가 왜 전화가 안 되냐고 투덜댄다.

"왜, 회사에서 잘린 남편이 실의에 빠져 한강에 투신이라도 했을까봐? 회사에 반납했어. 해고자는 반납해야 된대."

그 말을 들은 아내가 펄쩍 뛰었다.

"아니 잘린 것도 억울한데 전화까지 뺏어 가? 기가 막혀 말도 안 나오네. 당신 내일 당장 스마트폰 하나 사. 제일 좋은 걸로."

남편 기 안 죽이려는 아내의 배려 덕분에 다음날 나는 갓 출시된 반짝반짝하는 갤럭시3를 손에 쥘 수 있었다. 물론 36개월 약정이었다. 이제부터는 전화 요금도 내가 내야 하니까. 그런데 할부 원금이 1백4만 원이라는 건 뒤늦게야 알았다. 판매 직원의 감언이설에 넘어가 단 1원도 보조금을 받지 못한 거다. 19년 동안 회사가 전화 요금을 내준 덕분에 스마트폰 가격과 요금이 어떻게 구성되는지 전혀 몰랐던 나는, 요새 유행하는 말 그대로 '호갱님'이었다. 내게 1백4만 원짜리 스마트폰을 골라준 판매점 직원들은 그날 밤 아마 회식을 하지 않았을까.

해고됐어도 파업이 계속되던 동안에는 지낼 만했다. 다른 동료들도 일을 안 하는 건 마찬가지였으니까. 회사에 나와 집회에 참여하고 집회가 끝나면 적당히 시간을 보내다 귀가하는, 평범한 파업 노동자의 일상이었다. 파업이 종료되고 동료들이 업무에 복귀하면서 고민이 시작됐다. 돌아갈 사무실이 없었다. 처음에는 최승호, 박성호, 두 사람과 함께 노조 사무실을 들락거리며 시간을 보냈다. 그것도 며칠이 지나자 마음이 편치 않았다. 지나가는 선후배들마다 "힘내라"며 위로의 말을 던지는데 왠지 그 말이 어색하게만 들렸다. 아마 위로하는 쪽도 "힘내라"라는 말 외엔 적당한 단어가 생각나지 않았으리라. 그래서 노조 사무실을 맴도는 것도 그만두기로 결심했다. 뭔가를 해야만 했다. 남아도는 시간을 때워야만 했다. 친구 순강이가 입원해 있던 병원을 자주 찾게 된 건 그래서였던 것 같다. 무언가 보람 있는 일을 하면서 지내야 한다는 강박 같은 게 나를 순강이에게 인도했다.

인생의 변곡점은 어느 날 갑자기 찾아온다

이순강. 내 고등학교 동창이다. 내 기타 반주에 맞춰 노래 부르는 걸 좋아하고, 나와 정치 이야기 하는 걸 좋아하고, 내가 무슨 결정을 하든 응원해주던 최고의 친구. 미디어법 파업 당시 여의도까지 찾아와 포장마차로 불러낸 다음 잘 싸우라면서 기어이 소주 몇 병을 나눠 마시고 간 동지이기도 했다. 대기업을 다니다가 그만둔 뒤로 개인 사업을 하던 그 친구는 엄청난 독서광인데다 토론을 좋아했다. 그래서 나는 늘 "너는 대학교수가 됐어야 했어"라며 아쉬움을 표했다. 그러던 순강이가 갑자기 폐암에 걸려 8개월째 투병 중이었다. 최근에 암세포가 전이돼서 병세가 더 악화됐다고 했다. 사업한다고 이리저리 뛰어다니느라 몇 년 동안 건강검진 한 번 못 받은 탓에 암을 늦게 발견한 게 치명적이었다.

누워 있다가 밝게 웃는 순강이의 얼굴은 눈에 띄게 야위어 있었다. 기운도 없어 보였다. 그런데도 나를 먼저 위로한다.

"너 해고된 거 인터넷에서 봤다. 김재철 사장 참 나쁜 놈이네. 걱정할 거 하나도 없다. 금방 돌아갈 거야."

눈물이 쏟아지려는 걸 꾹 참고 내가 말했다.

"야, 인마, 내 걱정 말고 너나 빨리 일어나. 암 걸린 놈이 해고당한 놈 위로하는 게 말이 되냐? 뭐 먹고 싶은 거 없어?"

"먹고 싶은 거 없다. 입맛도 없고 잘 넘어가지도 않아."

"그럼 내일모레가 복날이니까 보신탕이나 먹으러 가자. 아픈 사람 입맛 찾는 데는 개고기가 최고지. 너 개 좋아하잖아."

다음날, 나는 친구 몇 명을 더 불러내서 순강이를 휠체어에 태운 뒤 강남의 유명한 보신탕 집으로 데려갔다. 젓가락 들 힘도 없는 친구의 입에 고기 몇 점을 넣어주니 그럭저럭 씹어 삼킨다. 맛있다고 고마워하는 그를 보니 또 눈물이 났다.

순강이가 숨을 거둔 건 친구들과의 마지막 식사 후 정확히 일주일 뒤였다. 그 일주일 동안 나는 거의 매일 병실을 찾았다. 의식을 잃기 전 그는 내 손을 잡고 말했다.

"네가 해고된 덕분에 시간이 많아져서 이렇게 내 곁에 있어주니까 좋다. 넌 우리 중에 제일 바쁜 놈이었잖아."

"바쁘긴 뭘 바빠. 너랑 술 마시느라 바빴지. 해고 안 됐어도 너 보러 왔을 거야."

"성제야, 나 죽으면 우리 마누라랑 딸내미들 어떻게 하냐."

"죽긴 왜 죽어, 인마. 네 딸 고3이잖아. 대학도 보내고 사위도 봐야지."

순강이는 가족을 걱정하면서 눈을 감았다. 그를 화장하던 날, 부인과 두 딸은 너무도 서럽게 울었다. 누가 어떤 말로 그들을 위로할 수 있을까. 나는 한마디도 건네지 못했다. 친구를 잃은 슬픔도 컸지만 남겨진 가족에 대한 연민과 안타까움이 계속 나를 괴롭혔다.

친구를 보내고 난 후, 나는 며칠 동안 잠을 이룰 수가 없었다. 밤마다 온갖 상념이 머릿속을 헤집어놓았다. 순강이가 병을 얻은 이유는 뭘까? 친구가 남기고 간 가족을 앞으로 어떻게 보살펴야 하나? 나는 건강하게 살고 있는가? 지금까지 내 인생은 과연 괜찮은 편이었나? 앞으로 어떻게 살아야 할까? 내가 복직을 못 하면 우리 가족은 어떻게 될까? 또 MBC는 어떻게 되나? 답이 없는 질문들, 해고당한 후에 한 번도 해보지 않은 질문들을 스스로에게 수없이 던지고 또 되뇌었다. 그러다 결국 내가 얻은 결론은 간단했다.

절대 스트레스 받지 말자. 즐겁게 살자.

내가 건강하고 내가 즐거워야 내 가족이 행복해지는 거라는 생각이 들었다. 분노하지도 말자. 내 젊음을 바친 MBC를 망쳐놓고 나를 망쳐놓은 미운 놈들을 잊을 수는 없을 거다. 하지만 화내지 말자. 그들을 떠올리면서 스트레스 받지 말자. 그럼 내가 지는 거다. 즐겁게 살아야 한다.

무엇보다 먼저 건강해져야 한다고 생각했다. 내가 건강해지는 방법은 아주 쉬웠다. 살을 빼는 거였다. 백 킬로그램에 육박하는 몸무게를 줄이고 배를 집어넣어야 했다. 예전에 회원권을 끊어놓고 까맣게 잊어버렸던 회사 앞 헬스클럽에 다시 나가기 시작했다. 예전부터 얼굴을 알고 지내던 헬스클럽의 젊은 트레이너가 오랜만에 나와서 낑낑대며 역기를 드는 나를 보고 물었다.

"박성제 회원님, 회사에서 해고당하셨다면서요?"

요즘 젊은 친구들은 이런 질문을 굉장히 자연스럽게 던진다. 나도 최대한 자연스럽게 대답했다.

"네, 회사 잘린 덕분에 시간이 많아졌어요. 운동이나 열심히 하려고요."

"아, 그럼 잘됐네요."

"잘되다니, 뭐가 잘돼요?"

어이가 없어서 화를 내려는데 뜻밖의 말을 꺼낸다.

"다음 달에 회원들을 대상으로 체중 감량 콘테스트를 하는데, 혹시 참여해보지 않으실래요? 상금도 있어요. 회원님 같은 체격은 살도 금방 찌지만 또 조금만 열심히 운동하면 금방 뺄 수 있어서 우승할 가능성이 높거든요."

귀가 솔깃했다. 회원들의 체지방과 근육량을 측정한 다음, 한 달 동안 운동을 열심히 해서 체지방을 가장 많이 줄이고 근육량은 가장 많이 늘린 회원에게 상금 백만 원을 준다는 것이었다. 나는 망설이지 않고 참가 신청을 했다. 그리고 다음날부터 특별 훈련에 돌입했다.

한 달 뒤, 내 체중은 7킬로그램이나 줄고 근육량은 2킬로그램이 늘어 있었다. 단순히 식사량을 조절하는 다이어트만으로 살을 뺀 게 아니라 제대로 운동을 해서 건강한 몸을 만들어낸 것이다. 물론 아직도 뱃살은 꽤 남아 있었지만. 어쨌든 나는 헬스클럽 체중 감량 대회에서 당당히 2등을 차지했고 상금도 30만 원이나 챙길 수 있었다. 운동하는 시간은 즐거웠다. 러닝머신에서 달리고 역기를 들면서 땀을 흘리다 보면 내 몸이 건강해지고 있다는 느낌이 세포 하나하나에 전해지는 것 같았다. 그래, 이왕 이렇게 된 거, 몸짱이 돼보는 것도 나쁘지 않잖아. 나는 헬스클럽 사방에 붙은 커다란 거울 앞에서 이렇게 저렇게 포즈를 취해보면서 스스로를 위로하고 채찍질했다.

하지만 몸짱이 되겠다는 결심은 오래가지 못했다. 그놈의 술이 문제였다. 해고당한 내 처지가 안돼 보였는지 한잔하자는 연락이 평소보다 훨씬 많아졌다. 문제는 헬스클럽에서 땀을 많이 흘린 날일수록 몸은 술을 더 원하고 알코올 흡수 능력도 배로 늘어난다는 점이었다. 술을 마신 다음날은 컨디션이 안 좋다는 핑계로 운동을 빼먹고 저녁에 다시 술을 마시러 나가는 일이 한 달쯤 반복됐다. 내 몸무게는 무서운 속도로 예전의 수치를 회복해갔다. 나는 다시 상념에 빠져들었다.

술을 끊어야 돼. 술을 끊지 않으면 아무것도 할 수 없어. 그런데 정말 술을 끊을 수 있을까? 선후배, 친구 들과의 술자리가 얼마나 즐거운데. 정말 그것들을 외면할 수 있을까? 말도 안 돼. 너무 많이만 안 마시면 되지 이 좋은 술을 끊긴 왜 끊어. 결국 나는 적당히 운동하고 적당히 술 마시면서 시간을 때우면 된다는 합리적이면서도 만족스러운 결론에 이르렀다. 어차피 내가 몸매로 먹고사는 연예인도 아닌데 하루 종일 헬스클럽에서 살 필요는 없잖아? 하루 한 시간 정도만 열심히 운동하면 돼. 헬스클럽에 못 가는 날은 좀 걷지, 뭐. 대충 이런 생각이었다.

대신 무언가 할 일을 더 찾아보기로 했다. 처음에는 영어 학원을 다녀볼까도 생각했지만 이내 단념했다. 아무리 시간이 많다고 해도 이 나이에 영어 공부가 무슨 의미가 있겠는가. 공부하는 게 싫어서 대학원도 안 가고 취직했는데 특별한 목표도 없이 억지로 영어 단어를 외우긴 싫었다. 게다가 학원에 가면 많게는 스무 살 가까이 어린 젊은이들과 부대껴야 한다. 굳어버린 머리로 말 한마디나 제대로 할지 의문이었다. 보나마나 등록해놓고 며칠 나가다 포기해버릴 게 뻔했다. 그럼 뭘 하지? 답은 안 나왔지만 어영부영 오늘은 뭘 할까 생각하다 보니 시간도 술술 흘러갔다. 적당히 운동하고 적당히 술 마시고 적당히 고민하면서 해직 생활의 첫 석 달이 훌쩍 지나가버렸다.

백수 남편표
6인용 식탁

2012년 가을의 어느 휴일이었던 걸로 기억한다. 거실에서 뒹굴면서 TV 리모컨만 눌러대는 남편의 모습이 한심해 보였던지 아내가 한마디 던졌다.

"여보, 내가 6인용 식탁 갖고 싶어하는 거 알지?"

"왜, 지금 식탁이 작아서 그래?" 나는 시큰둥하게 대꾸했다.

"결혼하고 한 번도 큰 식탁을 가져본 적이 없거든. 4인용 식탁은 아무래도 손님 치르기에 너무 작고. 게다가 지금 식탁은 아가씨가 쓰던 거 얻어 온 거잖아."

그제야 나는 거실 한켠에 놓인 작은 식탁으로 눈길을 돌렸다. 아내 말이 맞았다. 신혼살림으로 장만했던 작은 식탁은 2005년에 미국 연수를 떠나면서 누구에게 줘버렸는지 기억도 나지 않는다. 연수에서 돌아와서는 5년 동안 부모님 댁에 얹혀살았다. 여덟 살, 일곱 살 연년생 남매를 둔 맞벌이 기자 부부에게는 최선의 선택이었다. 그러다 부모님이 집을 팔고 변두리로 이사를 가시면서 우리도 아파트를 구해 독립하게 됐다. 그때 가구 살 돈을 아낀다고 내 여동생이 쓰던 4인용 식탁을 물려받은 것이다. 검소한 아내는 시누이의 허름한 식탁을 얻어 쓰는 것을 조금도 개의치 않았다. 나는 호기롭게 말했다.

"그럼 큰 식탁 하나 살까? 당장 사러 가지 뭐."

"누가 사달래? 돈도 없으면서 큰소리치기는."

"그럼 어쩌라고?"

"요즘 공방 같은 데서 만들면 된다는데. 나도 다니고 싶은데 시간이 없네."

"당신이 회사 다니면서 무슨 공방에 간다고 그래? 까짓것, 시간 많은 내가 하나 만들어줄게. 내가 공방 가서 만들면 되잖아."

"그렇게 해주면 좋지."

"그게 뭐가 어렵다고. 걱정 마, 멋진 6인용 식탁 하나 만들어 올 테니."

나는 지금도 가끔씩 아내와 함께 그날의 대화를 되새겨보곤 한다. 6인용 식탁을 만들어달라는 아내의 부탁이 없었더라면 과연 내가 스피커를 만들게 됐을까? 만약 우리 부부가 식탁을 만들기보다 구입하는 쪽을 선택하고 백화점으로 달려갔다면 내 스피커가 태어날 수 있었을까? 상상하기 힘들다.

나는 당장 컴퓨터를 켜고 서울 시내 공방을 검색하기 시작했다.

양재동에 있는 '아이데코홈'이라는 이름의 공방이 금세 눈에 띄었다. 집에서 버스로 네 정류장, 걸어가도 한 시간이면 갈 수 있는 거리라는 게 가장 맘에 들었다. 한번 마음먹으면 모든 것을 단칼에 해치우는 나의 사전에 기다림이라는 단어는 없었다. 다음날 아침, 나는 바로 공방을 찾아갔다.

"6인용 식탁을 만들고 싶습니다. 어떻게 하면 되죠?"

다짜고짜 식탁을 만들겠다고 찾아온 40대 아저씨에게 공방을 지키던 청년이 달래듯 말했다.

"혹시 예전에 공방에 다녀보신 적 있어요?"

"아니요, 이번이 처음인데요."

"그러면 오늘은 회원 가입 먼저 하시고 기본 장비 다루는 법을 배우셔야 합니다."

"그럼 식탁은 내일부터 만들 수 있나요?"

젊은 공방장은 웃으면서 친절한 말투로 설명했다.

"아뇨, 내일도 안 됩니다. 나무를 고른 다음 주문해야 하거든요. 나무가 도착하는 데 최소 사나흘은 걸립니다."

"나무가 오는 데 그렇게 오래 걸려요? 그냥 저기 쌓여 있는 나무로 만들면 안 되나요?"

나는 공방 한쪽에 세워져 있는 나무판들을 가리키며 물었다.

"저 나무들은 소나무라서 식탁을 만들기에는 좀 무릅니다. 식탁은 단단한 나무로 만들어야 하거든요. 물론 소나무 식탁을 원하시면 그것도 가능합니다."

공방장은 내게 세 종류의 나무 샘플을 보여줬다. 가장 싼 소나무 목재인 '홍송', 딱딱한 나무 중 저렴한 편인 '엘더', 그리고 단단하고 고급스럽지만 비싼 집성목 '레드오크'였다.

홍송으로 식탁을 만들면 20만 원이 채 안 되는 견적이 나왔고, 엘더는 30만 원대, 그리고 레드오크는 40만 원대 후반의 견적이 나왔다. 나는 샘플 목재를 이리저리 살펴보다가 물었다.

"나무 색이 너무 밝은 것 같은데요? 다 만들고 나서 칠을 해야 하나요?"

"칠을 하면 원래의 나무 색이 사라지지 않습니까? 대신 오일을 바르면 부드럽고 은은하게 색이 올라옵니다."

공방장은 스펀지에 목공용 오일을 찍어서 나뭇조각 하나에 발라 보여줬다. 과연 부드러운 갈색으로 색이 변했다.

"그렇군요. 오일을 바르니 색이 짙어지네요."

나는 잠시 생각하다가 셋 중에 제일 비싼 목재인 레드오크를 골랐다. 최소한 10년 이상 사용할 식탁인데 좋은 나무로 만들어주고 싶었다. 오일을 바르면 붉은 느낌이 살짝 돌면서 아주 고급스러운 결이 살아난다고 했다. 식탁 상판의 크기는 가로 1백75센티미터, 세로 85센티미터로 하기로 했다. 30평대 아파트 주방에서는 그 정도 크기면 충분할 거라는 공방장의 조언을 따랐다. 그날은 그렇게 레드오크 목재를 주문하고 공구 사용법과 드릴링, 사포질하는 방법만 익히고 돌아올 수밖에 없었다.

　레드오크 목재가 공방에 도착하길 기다리던 사흘은 그때까지의 내 인생에서 가장 긴 사흘이었다. 평범한 식탁 하나 만들겠다고 왜 그렇게 흥분했는지 지금도 이해가 가질 않는다. 나는 소풍 갈 날을 손꼽아 기다리는 아이처럼, 공방에서 연락이 오기만을 들뜬 마음으로 기다렸다. 정확히 사흘 뒤, 나무가 도착했다는 연락이 오자 나는 쏜살같이 공방으로 달려갔다. 공방 한가운데 있는 작업대에 커다란 레드오크 상판이 떡하니 올려져 있었다. 먼저 샌딩을 해야 했다.

　샌딩, 곧 사포질은 목공의 기본 중 기본이다. 어떤 작품을 만들든 간에 원목 그대로 조립하는 법은 없다. 먼저 사포질을 해서 나무의 표면을 매끈하게 다듬어야 한다. 사포질로 다듬지 않은 거친 나무는 대패질부터 해야 한다. 다행히 레드오크는 생원목이 아니고 공장에서 조각을 붙여 만든 집성목이라 기본적으로 어느 정도 매끄러운 상태였다. 1백80방 정도의 굵은 사포를 전동 샌딩기에 끼워 꾹꾹 눌러가면서 초벌 샌딩을 했다. 10여 분이 지나자 11월인데도 땀이 줄줄 흘렀다. 그만큼 사포질은 단순하지만 힘든 작업이다. 첫번째 사포질이 대강 마무리되자 공방장은 내게 4백 방짜리 고운 사포를 다시 건넸다. 게다가 이번에는 전동 샌딩기를 사용하면 안 된단다. 손사포를 써야 나무 표면이 파리가 미끄러질 정도로 곱게 마무리된다는 얘기였다. 상판의 손사포질까지 마치는 데 걸린 시간만 세 시간. 손목이 아파오고 허리까지 뻐근해졌다. 사포질을 끝낸 상판에 내친김에

왼쪽이 저렴한 나무인 홍송, 가운데가 엘더(오리나무), 오른쪽이 가장 비싼 레드오크.
홍송은 무르고 가벼워서 오래 사용할 가구에는 적합하지 않다. 엘더나 레드오크, 혹은 애시(물푸레나무) 같은 단단한 나무를 써야 튼튼한 가구를 만들 수 있다.

레드오크 식탁 상판에 오일을 바르는 모습.
스펀지에 오일을 조금씩 묻혀서 나뭇결 방향으로 바르면 은은하고 깊은 색이 살아난다. 하루가 지나 오일이 마르면 다시 부드러운 사포로 샌딩을 하고 두세 차례 더 오일을 발라준다.

오일까지 바르기로 했다. 오일은 목재에 침투해 재질을 더욱 단단하고 매끄럽게 만들어준다. 스펀지로 부드럽게 발라주니 나뭇결이 돋보이게 살아나면서 색이 짙어진다.

둘째 날은 식탁 상판을 받치는 다리와 사각 틀을 만들었다. 역시 꼼꼼한 사포질이 우선이다. 그리고 기다란 나무판을 ㄱ자로 붙이기 위해 구멍을 뚫고 나사못을 돌려 박는다. 나사못 구멍을 감추기 위해 목심을 만들어 심어야 한다. 물론 모두 처음 익히는 기술들이다. 사실 기술이랄 것도 없다. 목공이 취미인 사람이라면 누구든 배우게 되는 기본적인 것들이다. 그래도 모든 걸 내 손으로 하나하나 완성해나가는 과정이 즐겁고 신기하기만 했다.

사흘째, 드디어 식탁을 조립하는 날이다. 전날 만든 사각 틀에 다리를 붙이고 뒤집어서 상판을 고정해야 한다. 이 과정에서 트리머라는 전동 공구의 사용법을 익혔다. 날카로운 날이 엄청난 속도로 회전하는 위험한 공구이기 때문에 조심조심 사용해야 한다. 상판을 고정한 뒤 다시 오일을 발라준다.

나흘째, 전날 바른 오일이 잘 말랐는지 확인한 다음 고운 사포로 살짝 마지막 샌딩을 진행한다. 그리고 다시 오일을 바른다.

식탁이 완성됐다. 감동이다.

처음 공방을 찾은 뒤 6인용 식탁을 완성하기까지 8일이 걸렸다. 처음 한 것치고는 대단히 빨리 완성한 거라고 했다. 매일 오후 공방으로 출근해서 서너 시간씩 작업을 한 덕분이다. 아내도 내가 만든

완성된 식탁을 거실에 세팅한 모습.
불그스름하면서 진한 나뭇결을 지닌 레드오크 상판의 자태가 아름답다. 의자는 나중에 같은 레드오크로 세 개를 만들었고, 월넛 원목으로 벤치를 추가했다. 나의 첫 목공 작품이자, 평생 우리 부부와 함께할 작품이기도 하다.

소품으로 만들어본 리모컨 수납함.
플라스틱으로 된 기성품이 있었지만 나무로 만드니 훨씬 우아해 보인다.

소나무로 만든 헤드폰 스탠드.
역시 소품이지만 곡면을 사포질하느라 며칠 동안 굉장히 고생한 작품이다. 음악을 듣다가 헤드폰을 아무렇게나 놓아두지 말고 이렇게 원목 스탠드에 걸어두면 보기에도 좋다.

식탁을 무척 맘에 들어했다.

  식탁을 만드는 과정을 내가 가입한 동호회 자유게시판에 자세히 연재했다. 내가 10년이 넘도록 열성적인 회원으로 활동해온 'DVD 프라임'(이하 'DP')이라는 사이트였다. 2000년대 초반, 전 세계적으로 불기 시작한 홈시어터 열풍이 우리나라에도 상륙하면서 생겨난 동호회였다. DVD와 블루레이, 그리고 5.1채널 오디오와 고화질 디스플레이 기기에 대한 정보를 나누는 마니아들의 모임이었지만, '프라임 차한잔'이라는 이름의 자유게시판에는 진솔하고 훈훈한 삶의 얘기가 많았다. 내가 해고당했을 때도 위로와 격려를 전하는 댓글이 수백 건에 이를 정도였으니까. DP 회원들은 나의 식탁 제작기에 열렬한 호응과 응원 글을 보내줬다. 나는 으쓱해졌다. 겨우 식탁 하나 완성한 주제에 마치 목공의 장인이 된 듯한 착각마저 들었다. 용기를 얻어 계속 다음 작품에 도전했다. 딸아이의 책꽂이, 리모컨 수납함, 컴퓨터 모니터 받침대, 헤드폰 스탠드…… 크고 작은 목공 소품들이 하나 둘씩 집 한켠을 차지해갔다.

  물론 아내도 집에서 빈둥거리는 해직 기자 남편보다는 공방에서 이것저것 뚝딱뚝딱 만들어 오는 목수 남편을 더 기특해했다. 비록 나뭇값이 솔찬히 들어가긴 했지만 말이다.

목공을 하다 보면 마음이 편안해진다. 요즘 유행하는 '힐링'이 절로 된다고 할까. 사포질은 목공의 기본이자 가장 중요한 작업이지만, 시간이 많이 걸려 무척 지루한 작업이기도 하다. 게다가 동작이 단순하다. 손목에 힘을 주고 나뭇결 방향으로 힘차게 문지르는 게 다다. 그러면서 사포질한 면이 얼마나 매끈해졌는지 조금씩 손가락으로 확인해나간다. 만족스러울 만큼 매끈해져야 기분도 매끈해진다. 다른 잡념이 개입할 틈이 없다. 사포질에 열중하다 보면 어느덧 무념무상의 경지에 이를 때도 있다. 그다음으로 중요한 것은 마감이다. 목공에서 마감이란, 작품에 오일이나 도료를 발라 아름답게 마무리하는 작업이다. 아무리 매끈하게 사포질을 하고 튼튼하게 조립을 했다 하더라도 마감을 대충하거나 도료를 잘못 선택하면 작품을 망치게 된다. 나는 색이 들어간 도료를 바르는 것보다 나무의 느낌을 그대로 살리면서 색을 짙게 해주는 오일을 더 좋아한다. 오일을 바른 다음에는 보통 하루는 말려야 한다. 오일이 잘 마르면 다시 고운 사포로 샌딩을 하고 두번째로 오일을 발라준다. 바르고 말리고 사포질하고 또 바르고…… 작은 책상 하나 만드는 데 마감에만 일주일 이상 걸리는 경우도 허다하다. 절대 조급하게 굴면 안 된다. 목공은 정직한 작업이기 때문이다. 정성을 들인 만큼, 투여한 노력과 시간에 정비례해 결과물이 나오는 작업이 바로 목공이다.

내가 할 수 있는 일은 아무것도 없었다

목공으로 신선놀음을 하면서 그해 11월을 보냈다. 어느덧 대통령 선거가 다가오고 있었다. 대선 정국에서 김재철 사장은 살아남을 수밖에 없었다. 박근혜 캠프는 김재철 사장이 남아 있어야 MBC 노조를 눌러놓을 수 있다고 판단한 듯했다. 결국 김재철 사장을 가을에 물러나게 하겠다는 약속은 헌신짝처럼 버려졌다. 야당도 마찬가지였다. 새 방문진 이사들이 취임하고 임기가 시작됐지만 여야 추천 6대 3의 구도는 요지부동이었다. 야당 추천 이사들이 김재철 사장 해임안을 제출하려 했지만 수에 밀려 번번이 좌절당했다. 김 사장을 퇴진시키겠다고 문서로 합의안까지 만들었던 방통위 역시 입을 씻었다. 청와대는 꿈쩍도 하지 않았고 여야 정치권은 대선에 정신이 팔려 있었다. 방통위와 정치인들의 약속만 믿고 1백70일 파업을 접은 MBC 노조는 끝내 뒤통수를 맞은 것이다.

결국 모든 것은 대선에 달려 있었다. 문재인 후보와 안철수 후보는 대통령에 당선되면 MBC 문제를 해결하고 해직 언론인을 복직시키겠다는 언론 공약을 이미 발표한 상태였다. 반면 박근혜 캠프는 공식적인 언급을 하지 않았다. 김재철 사장의 목숨은 일단 대선까지 연장된 셈이었다. 김 사장은 노조원들을 상대로 잔인한 복수에 나섰다. 파업에 참여한 수백 명의 기자, PD, 아나운서 들은 모조리 현업에서 배제됐다. 대신 그 자리는 파업 때 뽑은 계약직 직원들로 채워졌다. 프로그램의 질은 급속도로 하락했지만 김 사장은 아랑곳하지 않았다. MBC 뉴스는 박근혜 후보의 당선을 위한 노골적인 편파 보도에 동원됐다.

김 사장은 또 백여 명에 이르는 직원들을 무더기로 정직시키고 정직이 끝난 뒤에는 몇 달 동안 강제로 교육을 받게 했다. 잠실 신천동에 있는 'MBC아카데미' 건물이 교육 장소였다. 그래서 그곳은 '삼청교육대'에 빗댄 '신천교육대'로 불렸다. 신천교육대 교육 프로그램에는 '샌드위치 만들기' 같은 강의도 포함돼 있었다. 김재철 사장의 최측근이었던 이진숙 본부장은 샌드위치 만들기 교육이 기자, PD 들이 다양한 경험을 쌓도록 배려한 것이라는 궤변을 늘어놓기도 했다.

어떤 후배 기자는 상암동의 MBC 신사옥 건설 현장으로 쫓겨났다. 그곳에서 공사장용 헬멧을 쓰고, 공사 현장을 방문한 손님들을 안내하는 일을 해야 했다. 경기도 용인의 드라마센터로 발령이 난 PD도 있었다. 그 PD는 한류 드라마 세트장을 구경하러 온 중국과 일본 관광객들 앞에서 안내표지판을 들고 서 있는 일을 배정받았다. 기가 막힐 노릇이었다.

나는 그 모든 과정을 외로운 공방에서 지켜봐야 했다. 가슴이 아팠지만 내가 할 수 있는 일은 아무것도 없었다. 나무로 무언가를 만드는 것 말고는.

내 손으로 만든,
세상에 단 하나뿐인
당신

이것저것 소품 가구를 만들어보다가 나는 디자인에 욕심을 내기 시작했다. 사실 취미로 나무를 만지는 아마추어 목수가, 그것도 공방에 다닌 지 두어 달 남짓된 초짜가 가구를 직접 디자인한다는 건 쉽지 않은 일이다. 그래서 처음엔 가구 업체의 기성 제품을 베끼거나 인터넷 목공 동호회 사이트 같은 데 올라온 고수들의 작품 사진을 보고 그대로 따라 만들 수밖에 없었다. 하지만 남들이 만들어놓은 걸 베끼다 보니 목공을 처음 시작하면서 식탁을 만들어나갈 때의 흥분과 즐거움이 조금씩 사라지고 있었다. 무언가에 도전한다는 느낌, 그리고 그 도전에 성공했을 때의 성취감의 순도가 떨어진 것이다.

목공이 점차 시들해지고 있었다. 해결책은 간단했다. 기성 제품을 모방하지 않고 내가 직접 디자인하는 거였다.

까짓 것,
그냥 내가 만들지 뭐

첫번째 도전 작품은 와인 진열장이었다. 특별히 와인을 즐겨 마시는 편은 아니다. 가끔 저녁에 아내와 한두 잔씩 마시는 게 좋아서 마트에 갈 때마다 늘 와인을 사놓는 버릇이 있었는데 집 안에 와인 몇 병 보관해둘 자리가 마땅치 않았다. 와인장을 하나 살까 하고 인터넷을 살펴봤지만 맘에 드는 물건을 찾기 힘들었다. 내가 원하는 와인장은 와인 병과 와인 잔을 한꺼번에 수납할 수 있는 스타일이었는데 아무리 뒤져봐도 그렇게 기능이 다양한 장은 파는 곳이 없었다. 까짓 것, 내가 만들지 뭐. 그렇게 시작됐다.

몇 가지 디자인 포인트를 잡아봤다.
- 모양새는 너무 튀지 않으면서도 세련된 느낌을 줄 것
- 도색을 하지 않고 오일만으로 마감해서 원목의 질감을 살릴 것
- 많은 수의 와인 잔과 와인 수납이 가능할 것
- 서랍을 만들어 공간 활용을 극대화할 것

완성된 와인장.
백자작나무와 월넛의 대비 효과가 썩 마음에 든다. 와인 잔 아홉 개와 와인 열두 병을 한꺼번에 수납할 수 있고 아래쪽 큰 서랍은 양주를 세워 보관할 수 있는 사이즈로 제작했다. 와인 틀을 하나하나 전동 톱으로 잘라낸 뒤 역시 끝없는 사포질을 통해 곡선 형태를 완성했다. 고풍스러운 느낌을 위해 황동으로 만든 와인 잔 걸이와 경첩을 달았다.

내 이름의 이니셜로 만든 'PSJ' 스티커.
목공으로 만든 가구가 하나씩 탄생할 때마다 이 스티커를 붙이면서 예술가가 자신의 작품에 낙관을 찍는 듯한 우쭐함을 느끼곤 했다.

아내의 생일 선물로 주려고 백자작나무와 월넛 원목으로 만든 화장대.
밝은 나무와 어두운 나무의 대비를 부각시키는 동시에 디자인은 최대한 심플하게 처리했다. 타원형 거울은 인터넷에서 주문한 기성품이다.

며칠간의 스케치 작업을 거쳐 디자인을 끝내고 일주일 만에 나는 세상에 단 하나밖에 없는 스타일의 와인장을 완성할 수 있었다.

높이 1백70센티미터, 폭 45센티미터의 기다란 직사각형 디자인이다. 천장에는 아홉 개의 와인 잔을 거꾸로 걸 수 있는 황동제 와인 걸이를 부착하고, 그 아래에는 와인 열두 병을 눕혀놓을 수 있는 틀을 만들어 넣었다. 그리고 맨 아래에는 각각 다른 형태의 서랍 두 개를 배치해서 변화를 줬다. 전체의 틀이 되는 부분은 밝은 색 나무인 백자작, 와인을 올려놓는 틀과 서랍 문짝은 어두운 색 나무인 월넛을 사용해 자연스러운 색상 대비 효과를 노렸다. 마지막으로 좌우 틀에는 통풍을 고려해 빗살무늬 모양으로 구멍을 냈다.

식탁을 완성했을 때와는 또 다른 감동이 밀려들었다. 신이시여, 이 작품을 과연 제가 만들었단 말입니까! 예술가가 자신의 작품에 이름을 남기듯 와인장에 내 이름을 남기고 싶어졌다. 이왕이면 영문 이니셜로 해볼까? 나는 'PSJ'라는 영문 이니셜 스티커를 인터넷으로 주문해 와인장에 붙였다. 'PSJ디자인'이라는 나의 회사 이름은 이렇게 장난처럼 탄생했다.

거실에 와인장을 들여놓은 지 며칠 후, 아내가 지인들을 초대해 와인 파티를 열었다. 손님들의 관심은 당연히 와인장에 쏠렸다. 그런데 손님 중 한 명인 여성 변호사 K씨가 와인장이 정말 맘에 든다면서 그 자리에서 똑같은 디자인으로 만들어달라고 주문하는 게 아닌가. 그것도 꽤 후한 가격을 제시하면서 말이다. 내가 만든 가구가 처음으로 고객을 만나는 역사적인 순간이었다.

와인장에 도전하는 과정에서 나만의 가구 디자인 원칙 한 가지를 자연스레 체득하게 됐다. 처음부터 화려한 모양새로 디자인하는 것보다는 평범한 모양이라도 두세 가지의 나무를 섞어서 만들면 고급스러워 보인다는 것. 특히 밝은 색과 어두운 색의 나무를 적절히 섞어 배치하면 오일 마감만으로도 색을 칠하는 것보다 훨씬 세련된 느낌을 전달할 수 있다.

앞 사진 속의 화장대는 내가 아내의 생일 선물로 만들어준 것이다. 디자인은 심플하고 평범하지만 역시 강렬하게 대비되는 두 가지 색의 나무를 섞어 만든 덕분에 꽤 그럴듯하게 우아한 분위기를 풍긴다. 이 화장대를 선물받은 아내는 백화점에서 파는 고급 가구보다 더 예쁘다면서 어린아이처럼 기뻐했다.

공방에서 나무와 씨름하던 내가 스피커를 만들어보기로 마음을 먹은 건 자연스러운 귀결이었다. 내 오디오 바꿈질 취미의 포인트는 늘 스피커였다. 대학 입학과 함께 처음 오디오를 접한 뒤 27년 동안 이런저런 브랜드의 스피커 수십 세트를 사용해보면서 나는 스피커야말로 오디오의 핵심이라는 신념을 갖게 됐다. 앰프나 CD플레이어 역시 스피커 못지않게 다양한 브랜드와 모델이 존재하지만 바꿈질을 할 때마다 느끼는 음질의 차이는 크지 않은 편이다. 반면 스피커는 새로운 제품을 들여놓을 때마다 새로운 느낌을 전해준다. 대형 스피커는 커다란 인클로저(울림통)와 대구경 유닛에서 터져 나오 스피커는 앰프로부터 전해지는 전기신호를 음성으로 바꿔주는 '유닛'과 유닛들 사이의 소리를 나눠주는 '크로스오버 네트워크', 그리고 유닛의 진동을 증폭시켜주는 울림통인 '인클로저'로 구성된다. 현재 형태의 스피커는 1900년대 초에 개발됐는데 백 년이 다 되도록 기본 구조가 거의 바뀌지 않았다. 음반에서 소리를 뽑아내는 소스 기기는 턴테이블에서 CD플레이어로 발전하고, 최근엔 디지털 음원을 바로 컴퓨터에서 출력하는 수준에 도달했다. 소스 기기가 보내온 신호를 더 큰 신호로 증폭시키는 앰프 역시 진공관 앰프에서 트랜지스터 앰프로 발전하고, 요즘은 디지털 증폭 회로를 적용한 첨단 제품까지 등장했다.

하지만 스피커는 모양은 다양해졌을지 몰라도 기본적인 구조는 그대로다. 스피커는 오디오 시스템에서 마지막으로 귀에 전달되는 사운드를 만들어내는 아날로그 장치이기 때문이다. 스피커가 좋은 소리를 내려면 앞서 얘기한 세 가지 구성 장치가 서로 조화를 이뤄야 한다. 복잡한 디지털 기술이나 첨단 공학적인 지식을 익힐 필요도 없다. 좋은 유닛과 정확히 설계된 네트워크, 단단하고 울림이 좋은 인클로저로 스피커를 만들면 누구나 멋진 사운드를 뽑아낼 수 있다. 심지어 아마추어가 취미로 만들더라도 이 원칙을 잘 지켜 제작하면 값비싼 유명 브랜드 제품 못지않은 소리를 만들어낼 수 있다. 취미로 오디오를 자작(自作)하는 마니아 중에 스피커를 만드는 사람들이 앰프나 CD플레이어를 만드는 사람들보다 훨씬 많은 이유가 바로 여기에 있다.

2005년부터 거실에 놓았던 스피커 세트. 영화 감상을 위한 센터 스피커까지 한꺼번에 주문 제작했다. 외국 하이엔드 스피커의 디자인을 모방한 작품이지만 상당한 수준의 사운드를 들려주었다. 집에 들여놓을 당시에는 평생 쓸 생각이었는데 새 스피커의 제작 비용을 충당하기 위해 아쉽게도 결국 인터넷 장터에 내놓아야만 했다.

내가 만든 첫번째 스피커 'PSJ 1호'. 인클로저는 자작나무 합판을 가로로 적층한 외국 유명 제품들을 본따 만들었다. 만들어놓고 보니 기성품 못지않은 외관이어서 나도 놀라울 정도였다. 저렴한 국산 유닛을 사용했지만 소리는 꽤 괜찮았다.

는 호방한 맛이 있는 반면, 소형 북셀프 스피커는 정갈하고 타이트한 매력이 있다.

당시 우리 집 거실에 놓여 있던 스피커도 개인이 만든 제품이었다. 대전에서 공방을 운영하면서 스피커를 주문받아 만들던 한 장인의 작품이었다. 2005년, 나는 외국 유명 스피커의 인클로저를 거의 그대로 재현해내는 그분의 목공 솜씨에 매료되어 그 공방을 직접 방문했었다. 대형 스피커를 주문한 뒤 석 달 만에 집에 들여놓았다. 물론 당시 인기를 끌던 미국의 하이엔드 제품을 모방한 디자인이었다.

디자인은 짝퉁이었지만 소리는 맘에 쏙 들었다. 7년이 넘도록 메인 스피커로 가지고 있었을 정도니까. 개인이 만든 자작 스피커도 최상급의 소리를 낼 수 있다는 사실을 체감한 것도 그 덕분이었다. 그러니 내가 공방에서 자작 스피커에 도전하게 된 건 당연한 수순이었다.

박근혜 대통령 당선과
PSJ 1호 탄생의 평행이론

대선을 코앞에 둔 12월 초, 나는 처음으로 스피커 제작에 착수했다. 처녀작인 만큼 적당한 크기의 유닛이 두 개 달린 2웨이 북셀프 스피커를 만들기로 했다. 먼저 유닛을 골라야 했다. 외국의 전문 쇼핑몰에 주문하면 고급 스피커에 들어가는 좋은 유닛을 살 수 있었지만 왠지 처음부터 돈을 많이 들이기가 부담스러웠다. 괜히 값비싼 유닛을 샀다가 소리가 맘에 안 들면 후회할 게 뻔했다. 그래서 용산 전자상가로 달려갔다. 국내 중소기업이 만든 저렴한 유닛과 네트워크 부품을 판매하는 곳이 있었다. 20만 원 정도로 필요한 것들을 대충 마련할 수 있었다.

다음으로는 어떤 나무로 인클로저를 만들지를 결정해야 했다. 요즘 스피커는 주로 MDF라는 재료로 인클로저를 만든다. MDF는 나무를 가공하는 과정에서 나오는 조각과 톱밥 등을 접착제와 함께 압축해 만드는 소재다. 웬만한 원목보다 단단하고 온도나 습도에 따른 변화도 거의 없어 저렴한 가구를 만드는 데 딱이다. 그런데 MDF는 칙칙한 회색빛을 띤다. 그래서 스피커 제조 업체들은 MDF로 인클로저를 만든 다음 표면에 다시 무늬목을 붙여서 마치 나무로 만든 스피커처럼 보이게 한다. 우리가 사용하는 대부분의 스피커는 사실 나무가 아니라 나무로 보이는 MDF 제품인 것이다. 진짜 나무로 만들면 제작 원가도 올라갈 뿐 아니라 다루기도 쉽지 않기 때문이다. 이 때문에 스피커를 자작하는 사람들도 거의 MDF를 사용한다.

나도 처음에는 남들처럼 MDF로 만들 생각이었다. 그런데 인터넷을 뒤지다가 자작나무 합판으로 스피커를 만드는 마니아들이 꽤 있다는 걸 알게 됐다. 자작나무는 예로부터 현악기를 만드는 재료 중 하나였다고 한다. 그만큼 울림이 좋다는 얘기다. 게다가 밝은 색의 자작나무를 재가공한 자작나무 합판은 아주 단단해서 온도와 습도 변화에 강하단다. 특히 특유의 결을 살려서 스피커를 만들면 모양도 아름답고 소리도 좋다는 마니아들의 평이 많았다.

그래, 이거야. 자작나무로 스피커를 만들자. 기왕이면 다홍치마 아닌가. 어차피 스피커는 네모난 상자 모양일 수밖에 없으니 밋밋한 MDF보다는 예쁜 나뭇결무늬가 있으면 훨씬 보기 좋을 거야. 나는 곧바로 공방에 자작나무 합판을 주문해달라고 부탁했다.

나무가 도착하기를 기다리는 동안 인터넷에 올라와 있는 전 세계 스피커 고수들의 인클로저 제작기를 열심히 읽어봤다. 만만치 않아 보였지만 내 손으로 충분히 만들 수 있을 것 같았다. 무엇보다 내겐 시설과 장비가 잘 갖춰진 공방이 있고 그곳엔 내 작업을 도와줄 친절한 공방장들이 있었기 때문이다. 나무가 도착한 뒤 가장 먼저 할 작업은 기다란 조각으로 재단한 다음 하나하나 붙여나가는 일이었다. 목공용 본드 중에서 가장 접착력이 좋은 제품을 사용해서 특유의 나뭇결이 바깥으로 드러나도록 섬세하게 작업해야 했다. 본드가 금방 굳어버리기 때문에 자칫 실수해서 표면이 울퉁불퉁해지지 않게 하는 게 가장 중요했다. 어찌 보면 굉장히 무식한 작업이었다. 자작나무는 워낙 단단하기 때문에 표면을 다듬는 것도 보통 일이 아니기 때문이다. 다른 나무에 비해 사포질하는 시간이 두세 배는 더 걸리는 것 같았다. 그래도 난생처음 스피커를 내 손으로 만든다는 생각에 작업은 즐겁기만 했다. 동시에 스피커 만드는 과정을 동호회

DP에 사진과 함께 다시 연재하기 시작했다. 회원들의 호응은 이번에도 뜨거웠다. 다들 어떤 모양으로 완성될지, 또 어떤 소리가 날지 궁금해했다.

정신없이 스피커 만들기에 열중하던 와중에 12월 19일이 닥쳐왔다. 대선의 결과는 대한민국의 향후 5년을 결정할 가장 중요한 변수이기도 했지만, 내 개인적인 삶에 미치는 영향도 지대했다. 문재인 후보는 MBC 사태의 해결과 해직 언론인 복직을 공개적으로 약속했지만 박근혜 후보는 언론 문제에 대해 언급을 하지 않았기 때문이다. 그리고 박근혜 후보의 당선이 확정되는 것을 보며 나는 심각한 좌절에 빠졌다.

박근혜 당선자가 과연 예전의 약속을 지키고 김재철 사장을 내칠 수 있을 것인가? 전망이 암울했다. 김 사장은 분명 자신이 새누리당의 재집권에 공을 세웠다고 주장할 것이다. 해직된 언론인들의 문제만이 아니었다. MBC에는 지금도 일터로 돌아가지 못하고 징계를 받고 있는 선후배들이 백 명이 넘었다. 이들은 다 어떻게 되나. 대선 이후 나는 공방에 발길을 끊었다. 이 판국에 스피커 만드는 게 무슨 의미가 있을까. 다 때려치우고만 싶었다.

하지만 아무리 고민해봐도 기다리는 것 말고는 내가 할 수 있는 일이 없었다. 무엇을 기다려야 하는지도 몰랐다. 하지만 기다려야 했다. 뭐든지 하면서 버텨야 했다. 결국 사흘 만에 나는 공방으로 돌아왔다. 그리고 묵묵히 사포질을 시작했다. 머리를 비우고 싶었다. 아무것도 생각하지 않기로 했다. 오직 멋진 스피커 만드는 데만 신경 쓰자.

그리고 대선 일주일 뒤, 내 생애 첫 자작 스피커가 탄생했다. 12월 25일, 크리스마스 오후의 일이었다.

검은색 6인치 미드우퍼와 트위터를 장착한 평범한 네모꼴 스피커. 그래도 내가 직접 만든 스피커였다. 자작나무 합판을 적층한 인클로저의 나뭇결무늬는 세상 그 어떤 디자인의 스피커보다 아름다워 보였다. 공방에서 집으로 가져온 스피커를 앰프에 물렸다. 로스트로포비치의 1962년 첼로 연주곡인 슈베르트의 〈아르페지오 소나타〉 CD를 재생시켰다. 수백 번도 더 들은 음반이다. 그윽한 피아노 반주에 이어 가슴을 저미는 첼로 소리가 흘러나왔다. 온몸에 소름이 돋았다. 황홀했다. 지금까지 써봤던 어떤 스피커와도 비교할 수 없는 절절한 사운드였다. TV에 나오는 연예인, 아이돌이 아무리 잘생기고 예뻐도 내 자식이 더 사랑스러워 보이는 것과 마찬가지였다. 비록 브랜드도 없는 국산 유닛에 싸구려 네트워크를 달아놓았지만 수백 수천만 원짜리 하이엔드 스피커가 부럽지 않았다. 세상에 단 하나뿐인 스피커, 내 손으로 만든 스피커. 그것으로 충분했다. 그동안의 힘들었던 작업 과정과 대선 결과가 가져다준 스트레스를 한꺼번에 날려버리기에 충분할 만큼.

나는 스피커에 'PSJ 1호'라는 이름을 붙였다.

기자가
스피커 만드는 게
어때서요?

2013년 1월 초, 오랜만에 MBC에서 해직된 동료들이 모였다. 우리의 화제는 단연 박근혜 당선자가 약속을 지킬 것인가에 집중될 수밖에 없었다. 결론은 회의적이었다. 김재철은 살아남을 것이다. 그리고 MBC의 상황은 점점 더 암울해질 것이다. 우리는 그동안 대선 이후로 미뤄뒀던 해고 무효 소송을 시작하기로 했다. 이제는 정치적인 해결을 기대할 수가 없는 상황이었다. 복직하려면 몇 년이 걸릴지도 모른다. YTN의 해직 기자들은 4년이 다 되도록 회사로 돌아가지 못하고 있지 않은가. 우리도 무슨 일이든 하면서 힘든 세월을 버텨야 한다는 데 다들 의견을 같이했다.

해직자들 중 가장 선배인 최승호 PD는 독립 언론인 〈뉴스타파〉에 합류하기로 했다고 말했다. 〈PD수첩〉의 간판이었던 최 선배에게 탐사 보도와 심층 취재를 지향하는 〈뉴스타파〉는 잘 어울리는 곳이었다. 나머지 동료들은 지금부터 생각해보면서 할 일을 찾아보겠다는 입장이었다. 대학원에 진학해 공부를 더 해보고 싶다는 사람도 있었다.

최 선배가 내게 물었다.

"박성제 씨는 이제 어쩔 생각이야? 계속 공방에서 가구 만들 거야?"

"가구 만드는 게 어때서요? 생각보다 재미있어요. 시간도 잘 가고."

"가구 만드는 게 이상하다는 게 아니야. 그냥 성제 씨가 아까워서 그렇지. 그러지 말고 나랑 〈뉴스타파〉에서 같이 일하는 게 어때? 〈뉴스타파〉에서 할 수 있는 일이 많을 텐데. 취재도 하고, 후배들한테 기사도 가르치고 말이야."

고마운 제안이었다. 그리고 솔깃한 제안이기도 했다.

"선배, 조금만 기다려주세요. 며칠 고민해볼게요."

〈뉴스타파〉 합류 여부를 결정하는 일은 쉽지 않았다. 명분은 더할 나위 없었다. 해직 언론인들이 모여 시민들의 후원으로 꾸려나가는 탐사 보도 전문 매체. 내가 가서 힘을 보태야 마땅한 곳이었다. 그런데 지금 〈뉴스타파〉에는 나보다 젊은 기자가 필요하지 않을까? 40대 후반에 접어든 내가 그곳에 가면 넘버 3쯤 될 텐데, 괜히 무거

〈뉴스타파〉에 'PSJ 1호'를 기증하던 날, 〈뉴스타파〉 식구들과 함께 찍은 사진.
맨 오른쪽에 나와 함께 서 있는 사람이 최승호 선배, 그리고 왼쪽에서 세번째가 내 후임 노조위원장을
지낸 이근행 선배다. 최승호 선배는 현재 〈뉴스타파〉 앵커로 맹활약하고 있다.

운 엉덩이로 책상만 지키면서 후배들에게 이래라저래라 하는 꼰대처럼 보이기는 싫었다. 내가 가면 오히려 짐이 될 수도 있다. 〈뉴스타파〉 합류가 대외적으로 분명 의미 있는 일이긴 하겠지만 내 개인적인 마음의 평화를 위해서는 공방에서 당분간 무언가를 뚝딱거리며 지내는 게 더 나을 수도 있다.

결심이 섰다. 나는 최 선배에게 전화를 걸었다.

"선배, 정말 고마운 제안인데 죄송해요. 아무래도 안 되겠어요. 당분간 공방에서 지내다가 천천히 할 일을 생각해볼게요."

최 선배는 내가 고사하는 이유를 자세히 묻지 않았다.

"아쉽네. 성제 씨가 와주면 나도 편하고 좋을 텐데. 아무튼 결정을 존중할게."

순간 머릿속에 번개같이 스치는 생각이 있었다.

"대신 제가 선물을 하나 해드릴게요. 이번에 적당한 크기의 스피커를 하나 만들었거든요. 좀 있으면 〈뉴스타파〉 스튜디오를 새로 꾸민다고 했죠? 거기에 그걸 놓으면 좋을 것 같아요."

"스피커? 스튜디오에 스피커가 있으면 좋긴 하지. 자기가 스피커를 직접 만들었다는 거야? 어떻게 생긴 스피커를 만들었지?"

"스튜디오 완성되면 가지고 갈 테니 그때 보세요. 분명 만족하실 겁니다."

며칠 뒤, 나는 스피커에 스탠드까지 만들어서 〈뉴스타파〉 사무실로 싣고 갔다. 〈뉴스타파〉 식구들은 다들 놀라워했다. 어떻게 이런 멋진 스피커를 만들었냐며 칭찬을 쏟아냈다.

"〈뉴스타파〉에 안 오겠다는 게 이유가 다 있었구먼. 스피커 만들어서 팔면 되겠네."

"팔긴 뭘 팔아요. 그냥 취미로 만든 건데."

"아니야, 솜씨가 보통이 아닌데. 이러다가 스피커 회사 차리는 거 아냐?"

그때까지만 해도 모든 건 농담일 뿐이었다. 몇 달 뒤에 내가 정말 스피커 회사를 설립하게 될 줄은 꿈에도 몰랐다.

비슷한 시기에 모 대기업의 실세이자 고위급 임원인 L형이 점심이나 하자며 나를 시내로 불러냈다. L형과는 꽤 오래전부터 형님 동생 하던 사이여서 나는 아무 생각 없이 맛있는 밥이나 얻어먹자 하는 마음으로 약속 장소로 나갔다. 그런데 용건은 가볍지 않았다.

"박 기자, 올해 몇 살이지?"

"마흔일곱요. 나이는 왜 물어요?"

"마흔일곱이면 딱 좋네. 이제 인생을 다시 설계해도 되는 나이구먼."

그가 나를 왜 보자고 했는지 알 것 같았다.

"설마, 형님 회사에 나 취직시켜주려고 하는 겁니까?"

"역시 눈치가 빠르네. 언제까지 복직 기다리면서 허송세월할 거야? 지금이 오히려 당신한테는 기회 아닌가? MBC보다 훨씬 더 넓은 세상이 있다고. 한번 도전해보는 것도 괜찮지 않을까?"

조금씩 궁금증이 일기 시작했다.

"내가 가면 무슨 자리 줄 건데요? 역시 홍보 담당이겠죠?"

"당연하지. 올봄 정기 인사 때 홍보실을 대대적으로 개편해볼까 하고 생각 중이거든. 방송사 출신 임원이 한 명 있으면 좋을 것 같아서 그래. 당신이라면 잘할 것 같아. 한 4년 차 상무면 괜찮지 않아? 조금만 기다리면 전무도 될 수 있고."

"나처럼 노조위원장 출신에 좌빨로 찍힌 해직 기자를 윗분들이 좋아하겠어요?"

"당신 좌빨 아닌 건 이 동네 사람들은 다 알아. 그러잖아도 내가 우리 사장에게 미리 얘기해봤거든. 그랬더니 그 정도 경력이면 문제없다고 하더군. 능력만 있으면 괜찮다는 거야."

"4년 차 상무면 연봉은 어떻게 되죠?"

내가 뻔뻔스럽게 연봉을 묻자 L전무는 오히려 반색했다. 긍정적인 답변으로 해석했을 것이다.

"우리 회사 같은 경우에 2억은 확실히 넘을걸. 3억이 될지는 연말 보너스에 따라 다르겠지만 말이야."

연봉 2억이 넘는 대기업 임원. 솔직히 구미가 당기는 제안이었다. 예전에도 일에 지칠 때마다 내가 방송사가 아니라 그냥 평범한 기업에 취직했더라면 어땠을까 생각했던 적이 있다. 잘 적응했을 것이다. 기자 생활에서 익힌 부지런함과 적극성이라면 어느 조직에 가도 잘 버텨낼 수 있을 거다. 아마 기업 오너도 나 같은 스타일을 좋아할걸. 뭐 이런 쓸데없는 상상들이었다.

그런데 나는 연봉이 아무리 많아도 홍보 담당 임원은 죽어도 하기 싫었다. 기업 홍보가 가치 없는 일이라는 생각에서가 아니었다. 오히려 기자 출신이 잘할 수 있는 일이기도 했다. 단지 나는 홍보 임원이 돼서 MBC 선후배들을 만날 생각을 해보니 끔찍해졌을 뿐이다. 특히 나를 회사에서 쫓아낸 인간들에게 앞으로 잘 부탁한다면서 명함을 돌리고 술을 따라주는 내 모습은 상상도 할 수 없었다. 차라리 굶어죽고 말지.

"미안해요, 형님. 진짜 고마운데, 난 홍보는 죽어도 못 하겠어요."

내가 솔직한 심정을 털어놓자 L전무는 이해한다며 내 어깨를 툭툭 치곤 돌아갔다. 당분간 기다릴 테니 언제든 맘이 바뀌면 연락하라는 말을 남기고.

시민들의 후원으로 운영되는 독립 언론. 그리고 조직과 오너를 위해 일하는 대기업 임원. 직장을 잃고 앞날을 고민하던 내가 비슷한 시기에 제안받은 두 개의 갈림길이었다. 공교롭게도 정반대 방향의 길이었다. 나는 둘 다 잘할 자신이 있었다. 그런 의미에서 둘 다 안전한 길이기도 했다. 전자는 내가 지금까지 하던 일이니까 안전한 선택이었고, 후자는 경제적인 여유라는 측면에서 안전한 선택이었다. 하지만 나는 어느 길도 선택하지 않았다. 명분이냐 실리냐를 놓고 고민했던 것도 아니다. 다른 대안이 있었던 것도 아니다. 그냥 두 가지 모두 행복할 것 같지가 않았다. 친구 순강이가 죽은 후 스트레스 받지 말고 즐겁게 지내자고 결심하지 않았던가. 그게 무엇이든 새로운 꿈에 도전하는 것이 즐거운 일 아닌가. 공방에 틀어박혀 무언가를 디자인하고 나무를 다듬어서 그 디자인을 현실화하는 작업이야말로 내게는 가장 매력적인 대안으로 보였다. 해고된 주제에 돈을 벌기는커녕 뭘 하나 만들 때마다 생돈을 몇십만 원씩 써야 했지만 내게는 소중한 일이었다. 그리고 행복한 일이었다.

지금 돌이켜 봐도 당시의 선택이 옳았는지는 알 수 없다. 나는 단지 내가 하고 싶은 일을 선택했고, 그 선택에 책임을 지고자 했다는 것만큼은 확실하다.

산다는 것은 매 순간 선택이다.
설령 그것이 외나무다리라 하더라도 선택해야만 한다.
전진할 것인가, 돌아갈 것인가, 아니면 멈춰 설 것인가.
결국 지금 내가 발 딛고 있는 이 지점은
과거의 그 무수한 선택들의 결과인 셈이다.
그 작은 선택들이 모여 우리는 지금의 현재를 맞았다.
그 어떤 길을 택하더라도 가지 않은 길에 대한
미련은 남게 마련이다.

그래서 후회 없는 선택이란 없는 법이고,
그래서 삶에 정답이란 없는 법이다.
그저 선택한 길을 정답이라 믿고,
정답으로 만들어가면 그만이다.
내 지난 선택들을 후회 없이 믿고 사랑하는 것,
그것이 삶의 정답이다.

- 드라마 〈응답하라 1994〉 중에서

한니발과 구경꾼 K박사의
운명적 만남

〈뉴스타파〉에 'PSJ 1호' 스피커를 기증해버린 후, 나는 조금 더 작은 스피커를 만들어보기로 했다. 책상에 올려놓고 컴퓨터에 물려서 음악을 들을 수 있는 아담한 스피커가 괜찮을 것 같았다. 1호보다 크기만 약간 줄이면 되니 어려울 건 없었다. 그런데 비슷한 작업을 혼자서 되풀이하는 게 지루할 것 같았다. 만약 여러 명이 함께 모여 각자의 스피커를 만들면 어떨까? 힘든 작업은 함께 하고 비용도 나눠 내면 30퍼센트는 줄일 수 있을 것 같았다. 내가 터득한 인클로저 제작 노하우를 다른 사람들과도 공유하고 싶었다. 나는 DP에 2호 제작에 함께할 회원들을 모집한다는 글을 올렸다. 일주일에 이틀 정도 모여서 각자 디자인한 스피커를 공동으로 제작하자고 제안했다. 그랬더니 이틀 만에 다섯 명의 회원에게 연락이 왔다. 딱 알맞은 인원 수였다. 1월의 어느 저녁, 우리 여섯 명은 서초동의 한 식당에 모여 서로 상견례를 하고 앞으로의 제작 과정을 논의하기로 했다. 그런데 모임 전날 내게 동호회 쪽지가 하나 날아들었다. 길지 않은 내용이었다.

> 안녕하세요, DP 회원 '구경꾼'이라고 합니다. 스피커 자작에 관심이 많으신가보네요. 제가 혹시 도움을 드릴 수 있을까 해서 쪽지를 보냅니다. 저는 목공 기술이 없어서 스피커 제작에는 사실 자신이 없지만, 대신 크로스오버 네트워크 설계 경험이 있어서 튜닝에 참여하고 싶습니다. 기회가 있다면 쪽지나 문자로 연락해주시길 부탁드립니다.

겸손한 태도의 쪽지였다. 처음에는 스피커 네트워크 설계를 몇 번 해본 적이 있는 자작 마니아 정도가 아닐까 생각했다. 어찌 됐든 고마운 일이었다. 나는 별생각 없이 '튜닝을 도와주겠다니 환영한다'는 내용의 답장을 보냈다. 해직 언론인에서 스피커 회사 대표로, 내 인생의 물줄기를 바꿔놓은 최고의 오디오 전문가, K박사와의 운명적인 만남은 그렇게 평범하게 시작됐다.

스피커 제작을 위한 DP 회원들의 모임에 뒤늦게 합류한 닉네임 '구경꾼'은 서글서글한 모범생 인상의 40대 초반 직장인이었다. 그는 자신을 어느 기업에서 오디오 관련 일을 하는 엔지니어라고만 소개했다. 그러고는 회원들이 각자 구상하고 있는 스피커의 인클로저를 설계할 때 주의할 점은 무엇인지, 또 네트워크를 대략 어떻게 구성할 것인지에 대해 설명해주었다. 그의 입에서 '임피던스', 'RTA', '공진주파수' 같은 전문 용어들이 튀어나왔다. 물론 내 귀에는 외계인의 언어로 들렸다. 거의 알아들을 수가 없었다. 이 사람, 진짜 전문가인가보다. 그냥 그렇게만 생각했다. 사실 나는 인클로저만 뚝딱뚝딱 만들 줄 알았지 그 인클로저와 유닛에 맞는 네트워크를 설계하는 것에 대해서는 완전히 문외한이었다. 우리가 스피커 제작에 돌입하자 구경꾼은 주말마다 공방에 들러서 제작 과정을 지켜보고 한마디씩 조언을 던지는 것을 잊지 않았다.

그 과정에서 구경꾼과 나는 점점 허물없는 사이로 발전했다. 그와 친해지면서 그가 전자공학 박사학위를 가졌을 뿐 아니라 과거에 꽤 유명했던 오디오 제조 회사에서 제품 설계를 했고, 지금은 굴지의 대기업 오디오 연구팀 책임자라는 사실을 알게 됐다. 구경꾼, 아니 K박사는 앰프나 스피커 설계에 관한 한 국내 최고 수준의 전문가였다. 내게는 구세주와도 같았다. 게다가 K박사는 신중하고 침착한 성품의 소유자여서 성미 급한 나를 적당히 제어해줄 때가 많았다. 나보다 나이는 네 살 어렸지만 어떤 때는 형 같기도 했다. 어쨌든 나는 그의 조언에 힘입어 1호보다 좀 더 아담한 크기의 스피커 2조를 3주 만에 무난히 완성할 수 있었다. 똑같은 인클로저와 유닛을 사용해 만든 쌍둥이 스피커였다. 대신 1조는 오일로 마감을 해서 부드러운 갈색 톤을 내고, 다른 1조는 그냥 바니시(광택을 내는 목공용 도료)만 발라서 밝은 자작나무 색을 살렸다. 2호와 3호 스피커에도 나는 PSJ 스티커를 붙였다. 귀여운 녀석들이었다.

함께 스피커를 만든 다섯 명의 회원도 저마다 멋진 작품을 완성해 집으로 가지고 돌아갔다. 스피커 공동 제작 프로젝트가 거의 마무리된 2월 초의 어느 날, 나는 K박사에게 맥주 한잔을 사겠다고 제의했다. 호프집에 마주 앉아서 내가 물었다.

"K박사, 한 달 전에 나한테 쪽지 보내서 스피커 만드는 것 도와주겠다고 했잖아요. 왜 그랬어요?"

"'한니발' 님('한니발'은 DP에서의 내 닉네임이다)이 자신의 목공 노하우를 다른 분들에게 제공하면서 함께 스피커를 만들어보자고 하는 모습이 좋아 보였어요. 그래서 기술적인 부분을 도와주고 싶었을 뿐이에요."

"그랬구나. 한마디로 나를 잘 봤다는 얘기네."

"그런데 한니발 님이 이렇게 기술적으로 문외한인 줄은 몰랐어요. 처음엔 나도 황당했거든요."

나는 껄껄 웃었다.

"내가 원래 그래요. 일단 저지르고 보는 스타일이죠. 일단 인클로저만 만든 다음 네트워크는 나중에 천천히 배우면서 튜닝하려고 그랬지. 그런데 마침 K박사 같은 사람이 나타나주니 얼마나 좋아요."

K박사의 조언을 들어가며 만든 스피커들.
역시 자작나무 적층 인클로저가 특징인데 오일의 종류를 바꾸는 방법으로 색깔 변화를 줬다. 세로로 적층해서 인클로저를 만들면 또 느낌이 달라진다.

K박사가 엔지니어답게 깐깐한 표정으로 말했다.

"인클로저를 먼저 만들고 나서 네트워크 튜닝을 하면 절대 좋은 소리가 나올 수 없어요. 인클로저를 디자인할 때부터 유닛의 특성을 생각해야 하고, 또 네트워크도 거기에 맞춰서 설계해야 하거든요."

"아, 그렇구나. 그럼 앞으로는 그렇게 하죠, 뭐. K박사가 도와주면 되겠네."

"스피커를 또 만드시게요?"

"지금까지는 작은 것만 만들었으니까 마지막으로 커다란 녀석으로 하나 만들고 싶어요. 10인치나 12인치 우퍼를 단 듬직한 3웨이 스피커."

내 말은 진심이었다. 이왕 스피커 자작에 도전했으니 끝장을 보고 싶었다. 앞으로 죽을 때까지 평생 내 거실에 놓여 내 남은 인생을 함께할 커다란 스피커. 멋진 디자인과 황홀한 사운드로 나의 음악 감상을 책임질 하이엔드 스피커를 만들어보고 싶었다. 할 수 있을 것 같았다. 나를 도와줄 전문가도 있지 않은가. 나는 열심히 인클로저만 만들면 된다. 그런데 K박사는 일단 난색을 표했다.

"3웨이는 2웨이보다 훨씬 어려운데. 사운드를 제대로 뽑아내기가 만만치 않아요."

"어려우니까 K박사한테 도와달라는 거 아닙니까. 내가 앞으로 술 많이 살 테니까 유닛 좀 골라줘요. 네트워크도 짜주고."

"음…… 생각 좀 해보고요."

"생각하긴 뭘 생각해요. 난 K박사가 하라는 대로 다 할 테니까 꼭 좀 도와주세요. 멋진 스피커 한번 만들어봅시다. 재미있을 것 같지 않아요?"

"정말 내가 하라는 대로 하실 겁니까?"

"당연하죠. 무조건 시키는 대로 할게요."

"그럼 인클로저 디자인 먼저 해보세요. 디자인이 먼저 대충이라도 나와야 유닛을 어떤 걸 쓸지 생각해볼 수 있어요."

"오~케이. 죽이는 디자인으로 한번 해볼게요."

죽이는 디자인. 아무 생각 없이 입에서 튀어나온 말이었다.

'죽이는 디자인'은 닦인 길 위에서 나오지 않는다

K박사에게 3웨이 스피커 제작을 도와주겠다는 승낙을 얻어낸 나는 다음날부터 본격적으로 스피커 디자인을 연구하기 시작했다. '세상에 하나밖에 없는 스피커'라는 콘셉트만으로는 이제 만족할 수 없었다. 죽을 때까지 평생 옆에 놓아두려면 소리가 좋아야 하는 것은 물론 절대 싫증나지 않는 아름다운 모양의 스피커여야만 했다. 한 번 보면 누구나 잊을 수 없는 스피커, 예술성과 독창성을 겸비한 새로운 디자인의 스피커를 창조하고 싶었다. 내가 과연 그런 스피커를 디자인할 수 있을까? 디자인에 대해서는 아무것도 모르는데? 하면 되지, 못 할 건 또 뭐야.

제일 먼저 한 일은 인터넷으로 전 세계의 명품 스피커 사진을 검색하는 것이었다. 며칠째 컴퓨터 모니터가 뚫어져라 스피커 사진들을 들여다보는 나를 보고 아내가 혀를 차며 말했다.

"그 정성으로 취재하고 기사를 썼으면 한국기자상도 여러 번 탔겠네."

"어허, 이 사람이. 내가 최고로 멋진 스피커를 만들어서 거실에 떡하니 갖다놓는다니까."

"거실에 갖다놓으면 뭐해. 네모나고 커다랗기만 한 것 백 개를 갖다놔봤자 하나도 안 예쁠걸."

"스피커는 원래 네모난 거야. 여기 사진들 좀 봐. 몇천만 원짜리 스피커도 다 네모나게 생겼잖아. 스피커 디자인이 그래서 힘든 거라고."

아내는 지지 않고 말했다.

"스피커가 꼭 사각형이어야 한다는 법이라도 있어? 그건 고정관념이죠, 서방님. 고정관념에서 벗어나야 예쁜 디자인이 나오는 것 아냐? 이왕 디자인하려면 새로운 콘셉트로 해봐요."

네모나지 않은 스피커? 고정관념에서 벗어나라고? 아내가 아무렇지도 않게 던진 말에 나는 잠시 생각에 빠져들었다. 대부분의 스피커가 사각형인 이유는 뭘까? 이유는 없었다. 원래 그런 거다. 앰프나 CD플레이어도 납작한 육면체 아닌가? 오디오는 원래 네모난 거다. 그래야 장식장에 올려놓기도 좋고 쌓아놓을 수도 있다. 스피커도 마찬가지일 것이다. 네모난 육면체 모양은 안정감이 있다. 커다란 스피커를 넘어지지 않게 거실에 세워놓으려면 당연히 네모난 모양이어야 한다. 냉장고나 에어컨이 네모난 것처럼.

그런데 스피커는 냉장고나 에어컨 같은 그냥 가전제품이 아니잖아. 음악을 듣는 건 예술을 감상하는 행위라고. 스피커는 그 예술을 표현해주는 도구 아닌가. 그렇다면 악기나 마찬가지지. 그래, 맞아. 스피커는 악기야. 악기 중에 네모난 게 어디 있어? 바이올린, 첼로, 색소폰, 기타, 드럼. 모두 동글동글한 곡선으로 이뤄져 있잖아. 스피커도 곡선으로 디자인하면 안 될까? 소리를 내주는 유닛이 원형이니까 원통으로 만들면 좋을 것 같은데.

무협 소설을 보면 무공을 연마하던 주인공이 어떤 한계에 부딪혀 더이상 전진하지 못하고 좌절하다가 절세의 기연奇緣을 만나 단번에 초고수로 비약하지 않던가. 내게는 네모나지 않은 스피커를 만들어보라는 아내의 말이 바로 기연이었다. 뭔가 대단한 깨달음을 얻은 것 같았다. 나는 즉시 K박사에게 전화를 걸었다.

"스피커 인클로저를 동그란 원통으로 만들어도 돼요?"

K박사는 웃으면서 되물었다.

"원통형 인클로저요? 왜 갑자기 그런 생각을 하셨어요?"

"네모난 인클로저보다 동그란 원통이 예쁠 것 같아서요. 그냥 그뿐이에요."

"안 될 것 없죠. 사실 네모난 인클로저보다 원통형이 음질 면에서 더 좋을 수도 있어요."

"네모난 것보다 더 좋을 수도 있다고요? 왜 그렇죠?"

"육면체는 내부 모서리에서 정재파定在波가 생기거든요. 그게 음질에 좋지 않은 영향을 미치죠."

"정재파요? 그게 뭔데요?"

"음…… 쉽게 말하면 메아리 같은 건데요, 유닛 후면에서 발생하는 음파가 인클로저 모서리나 내벽에 부딪혀서 울리는 거예요. 그러면 음의 왜곡이 생기죠. 그래서 인클로저 내부에 흡음재를 쓰는 거고요."

"그럼 인클로저 내부가 둥글면 네모난 것보다 정재파를 덜 발생시키겠네요?"

"그렇다고 볼 수 있죠."

둥근 인클로저가 네모난 인클로저보다 음질도 더 좋다니, 이렇게 좋은 걸 남들은 왜 안 만들고 있었을까? K박사가 계속 설명했다.

"그런데 이왕 원통형 인클로저를 만드시려면 3웨이 유닛을 모두 분리하는 게 좋을 겁니다. 유닛 하나당 인클로저 하나, 이렇게요."

"그건 왜 그렇죠?"

"원래 유닛마다 인클로저를 따로 만드는 게 가장 좋아요. 그래야 서로 영향을 주지 않거든요. 3웨이나 4웨이짜리 대형 스피커들도 내부는 유닛마다 격벽으로 다 막아놓는 게 원칙입니다. 특히 중역을 내는 미드레인지하고 저역을 내는 우퍼는 반드시 서로 분리해줘야 맑은 소리가 나와요. 그래서 제가 처음에 3웨이 스피커는 2웨이보다 만들기가 훨씬 어렵다고 말씀드린 겁니다."

"고마워요. 큰 도움이 됐습니다."

K박사의 설명을 들으니 더욱 힘이 났다. 보기에도 좋고 소리에도 좋다니, 원통형 인클로저를 만들지 않을 이유가 없었다.

다음날부터 나는 스케치에 열중하기 시작했다. 자작나무 합판을 링 모양으로 깎아서 하나하나 붙이면 원통형 인클로저를 만들 수 있다. 마침 우리 공방에는 CNC(Computerized Numerical Control, 컴퓨터를 통한 수치 제어) 가공을 해주는 공작 기계가 있었다. 목공용 CNC 머신은 컴퓨터로 그린 일러스트 그림 파일에 담긴 수치를 읽어내어 다양한 모양의 목재를 자동으로 재단해주는 기계다. CNC 머신은 싸다는 것도 몇천만 원씩 하기 때문에 이를 구비한 공방이 서울 시내에 거의 없다. 그런 면에서 볼 때 원하는 모양의 목재를 마음대로 재단할 수 있는 기계가 공방에 있다는 건 목공을 하는 사람에게 매우 행복한 조건이었다.

나는 우선 원통형 인클로저로 간단한 스피커를 만들어보기로 했다. 일종의 프로토타입이라고 할까. 한 개의 유닛에서 고음부터 저음까지 모두 나오는 풀레인지 유닛을 사용해 작은 스피커를 만들면 원통형 인클로저에서 과연 소리가 잘 나오는지 테스트해볼 수 있을 것 같았다. 미국의 스피커 부품 전문 쇼핑몰을 뒤져서 적당한 풀레인지 유닛을 골랐다. 대만에서 나온 4인치짜리 작은 유닛이었는데 자작 스피커 마니아들의 평이 아주 좋았다. 다음은 유닛 크기에 맞

네모난 박스 형태에서 벗어나 원통형 인클로저로 만든 첫번째 스피커.
크로스오버 네트워크가 필요없는 풀레인지 유닛으로 시험 삼아 만들었다. 자작나무 적층 무늬에 가는 목봉으로 만든 날씬한 다리가 독특하고 세련된 느낌이다. 유닛은 외국 유저들 사이에서 평이 좋은 4인치 제품으로 골랐는데 아담한 크기에도 균형 잡힌 깔끔한 사운드를 들려줬다.

취 자작나무 합판으로 둥근 인클로저를 만들 차례. CNC 가공한 반지 모양의 목재를 목공용 강력 본드로 하나하나 붙인 다음 24시간 동안 꽉 눌러놓는다. 다음날 단단하게 붙은 원통을 끝없는 사포질로 다듬은 다음 다시 오일을 바른다. 이 과정은 네모난 인클로저를 만들 때와 비슷했지만 둥근 면을 사포질하는 것은 훨씬 더 힘이 들었다. 사흘 동안의 작업을 거쳐 인클로저가 완성되자 유닛을 박아 넣고 가는 목봉으로 다리를 만들어 붙여주었다. 이렇게 해서 원통형 인클로저를 선택한 나의 첫번째 스피커가 완성됐다.

집에 가져와서 컴퓨터 모니터 옆에 놓고 앰프에 물려 소리를 테스트해봤다. 꽤 들을 만한 소리가 흘러나왔다. 풀레인지 스피커라서 별도의 미드우퍼가 있는 2웨이에 비해 저역의 힘은 살짝 떨어지지만 대신 피곤하지 않고 부드러우면서도 밸런스가 잘 잡힌 사운드가 표현되고 있었다. 인터넷에 자작 마니아들의 호평 일색인 이유를 알 것 같았다. 스피커 사진을 DP에 소개했더니 이번에도 반응이 아주 좋았다. 원통형 인클로저가 특이하고 예쁘다면서 구입하고 싶다는 댓글까지 등장했다. 나는 자신감을 얻고 3웨이 스피커 디자인에 다시 몰두하기 시작했다.

자작나무 원통으로 인클로저를 만들면 예쁘고 소리도 좋다는 점은 확인된 셈이다. 이제 세 개의 인클로저를 어떻게 배치하고 어떻게 지지할 것인가 하는 문제를 풀어야 했다. 네모난 통은 그냥 겹쳐서 세워놓으면 되지만 원통 세 개는 겹쳐놓을 수가 없다. 큰 원과 중

세상에 단 하나밖에 없는 디자인의 스피커를 위해 일주일 만에 완성한 스케치.
크고 작은 세 개의 원통형 인클로저를 세로로 배치하고 이를 곡선형의 스탠드로 감싸는 형태다. 일단 연필로 그린 후 공방의 디자이너와 상의를 거듭하면서 조금씩 디자인을 수정했다.

간 원, 작은 원을 종이에 그려놓고, 세 개의 원을 연결하고 지지하는 스탠드를 그려보기 시작했다. 처음부터 원칙은 하나였다. 곡선! 원을 연결하는 스탠드니까 반드시 곡선이어야 했다. 첼로, 색소폰, 드럼처럼 원과 곡선으로 이루어진 '악기' 같은 스피커, 그것이 내 디자인의 키워드였다.

수백 번의 스케치 끝에 나는 드디어 맘에 드는 디자인을 그려낼 수 있었다. 두 개의 스탠드가 세 개의 원통을 한쪽에서 부드럽게 감싸주고 다른 쪽은 조금씩 각도의 변화를 주어 비대칭 모양을 갖는 형태였다. 내가 봐도 특이한 모양이었지만 지금까지 세상에 없던 디자인인 것만큼은 분명했다.

나는 아내에게 가장 먼저 스케치를 보여주었다. 아내는 놀라워했다.

"여보, 진짜 신기하고 멋지게 생긴 스피커야. 당신 대단한 것 같아. 어떻게 이런 모양을 생각해냈지?"

"ㅎㅎㅎ, 뭐 이 정도쯤이야. 아무래도 내가 디자인 감각이 있나봐."

"이렇게 만들면 돈이 많이 들 것 같은데, 당신 돈 있어?"

"당연히 없지. 지금 있는 스피커랑 홈시어터용 앰프를 인터넷 장터에서 팔면 몇백만 원은 받을 수 있을 거야. 일단 그걸로 어떻게 해보려고."

"그런데 정말 이 디자인대로 만들 수 있겠어?"

"물론이지. 걱정 마. 세상에서 제일 예쁜 스피커를 가져올 테니까."

아내의 호응에 신이 난 나는 스케치를 사진으로 찍어 K박사에게 보냈다. K박사는 바로 전화를 걸어왔다.

"죽이는 디자인입니다."

내가 꼭 듣고 싶었던 말이었다. 죽이는 디자인.

이러다 정말
스피커 회사 차리겠어요

다시 나는 공방에 틀어박혔다. 인클로저와 스탠드 제작은 보통 일이 아니었다. 스피커는 오른쪽 왼쪽이 한 세트라 3웨이를 만들려면 모두 여섯 개의 크고 작은 원통과 네 개의 스탠드를 만들어야 했다. K박사는 내가 작업을 하는 동안 적당한 유닛을 고르기로 했다. 나는 인클로저가 특별하니까 유닛도 평범하지 않은 걸로 골라달라고 부탁했다. K박사는 며칠간 연구한 끝에 노르웨이의 SEAS 사社에서 만드는 유닛들을 내게 제안했다. 내가 봐도 만족스럽게 잘생긴 유닛이었다. 소리도 좋을 것 같았다. 유닛이 결정되자 K박사는 각각의 인클로저에 들어갈 크로스오버 네트워크 설계에 착수했다.

한 달간의 작업 끝에 완성한 3웨이 스피커.
자작나무 인클로저와 어두운 색 스탠드의 대비가 뚜렷하고, 유닛이 있는 정면과 측면, 비스듬한 각도에서 바라본 모습이 모두 다르다. 내가 생각하는 이 스피커의 '얼짱 각도'는 45도다.

아침에 공방에 출근해서 밤 9시에 문 닫을 때까지 작업하는 일과가 3주 가까이 이어졌다. 모든 것을 나 혼자서 해야만 했다. CNC 머신으로 커팅한 나무를 한 치의 오차도 없이 적층해 원통을 만든다. 목공용 클램프로 24시간 동안 압축하고 나면 돌덩이처럼 단단한 인클로저가 만들어진다. 저음용 우퍼가 들어가는 가장 큰 원통은 마치 와인 통처럼 커다란 몸집이었다. 그리고 끝없는 사포질, 또 사포질. 손목이 뻐근해지고 어깨가 빠질 듯이 아파온다. 그래도 즐거웠다. 과연 아내에게 큰소리쳤던 것처럼 세상에서 가장 아름다운 스피커가 나올 수 있을까? 마감을 다 하고 조립이 끝날 때까지는 아무도 알 수 없었지만, 작업이 진행될수록 확신은 점점 커졌다. 된다, 분명히 된다.

그리고 2013년 3월 중순. 한 달여간의 무식한 수작업 끝에 드디어 여섯 개의 인클로저와 스탠드가 완성됐다. 때마침 미국 쇼핑몰에서 보내준 스피커 유닛이 도착했다. 나는 떨리는 마음으로 유닛을 인클로저에 끼워 넣었다. 아직 내부 네트워크가 없어서 소리는 낼 수 없는 스피커였지만 완성된 겉모습을 하루라도 빨리 보고 싶어서였다.

당당하고, 우아하고, 독특한 외관의 스피커였다. 네모나지 않은, 원과 곡선으로만 이뤄진, 말 그대로 세상에 없던 디자인의 멋진 스피커였다. 막상 완성해놓고 보니 스케치했던 것보다 더 멋져 보였다.

공방의 직원들과 가구를 만들던 회원들 모두가 놀라워했다. 스피커가 아니라 무슨 예술 작품 같다는 칭찬이 쏟아졌다. 한 달간의 우직한 작업으로 쌓인 스트레스와 피로가 단숨에 날아갔다. 맞아, 이건 스피커가 아니라 예술 작품이야. 가만있자, 그러면 나는 아티스트인가?

인클로저 제작에 비하면 스피커의 사운드를 튜닝하는 일은 일사천리였다. 내가 공방에서 집으로 스피커를 옮겨놓자, K박사는 주말에 미리 설계해둔 네트워크 설계도를 가지고 찾아왔다. 설계도에 맞춰 네트워크를 조립하면서 조금씩 수정해나갔다. 소리가 점점 좋아지는 것이 느껴졌다. 바이올린 소리는 맑고 화사했고, 보컬은 진하고 울림이 풍성했으며, 드럼 소리는 명료하면서도 깊게 떨어졌다. 대역 간 밸런스가 잘 맞는 고급스러운 사운드. 바로 하이엔드 스피커의 사운드였다.

소리에는 큰 관심이 없던 아내는 역시 디자인을 가장 맘에 들어했다. 거실 가운데 놓인 TV를 양쪽에서 부드럽게 감싸는 듯한 독특한 아웃라인의 인테리어적인 효과가 돋보인다고 했다. 수십 번의 스피커 바꿈질에도 결코 해결되지 않았던 미제. 아내가 좋아하는 스피커. 네모나지 않으면서 거실을 예술적인 아름다움으로 장식해주는 스피커. 그런 스피커를 내가 만들어낸 것이다.

**할 일도 없는데
스피커나 팔아볼까?**

DP에 완성된 스피커의 사진을 올렸다. 예상대로 반응은 폭발적이었다. 셀 수 없는 추천과 백여 개가 넘는 댓글이 달렸다. 소리를 들어보고 싶다는 요청이 쇄도했다. 나도 공개된 장소에서 내 스피커의 디자인과 사운드를 평가받고 싶어졌다. DP 운영자와 상의해 3월 말에 오프라인 시연회를 열기로 결정했다. 적당한 장소를 빌린 다음 주말 오후에 회원들을 초청해 스피커를 선보이고 다양한 종류의 음악을 들려주기로 했다.

동시에 나는 스피커 디자인을 조금 수정하는 작업에 착수했다. 인클로저는 더 손 볼 데가 없었지만 스탠드의 모양을 좀 더 다듬어서 안정감을 보강해야만 했다. 그러면서 조금씩 욕심이 생기기 시작했다. 어쩌면 스피커 제작을 주문받아서 판매할 수도 있지 않을까? 그렇게 되면 복직할 때까지 버틸 수 있는 훌륭한 소일거리이자 아르바이트가 될 것 같은데. 아내에게 물어봤다.

"여보, 내가 생각이 하나 떠올랐는데 말이야."

"뭐, 또 다른 스피커 만들려고? 이제 그만하시죠, 서방님."

"아니, 그게 아니라 이 스피커를 주문을 받아서 만들어 팔면 어떨까?"

"무슨 소리야, 당신, MBC로 돌아가야지. 난 스피커 만드는 장인 남편보다 MBC 기자 남편이 더 좋아."

"당연하지. 난 반드시 돌아갈 거야. 그런데 이제 복직 소송 시작했으니까 아마 재판 끝나려면 꽤 걸릴걸. 변호사 말이 1심에만 1년은 잡아야 한대. 1심에서 이긴다고 해도 대법원까지 갈지도 모르고. 그러면 몇 년 걸릴 수도 있어. YTN 해직 기자들은 2009년에 해고됐는데 아직도 못 돌아가고 있잖아."

"김재철 사장이 마음이 바뀌어서 곧 복직시켜주지 않을까?"

"절대 그럴 일 없을걸. 그럴 인간이면 벌써 했겠지."

"그럼 복직할 때까지만 해봐. 그런데 몇백만 원짜리 스피커를 주문할 사람이 있을지 모르겠네. 너무 비싸지 않을까?"

"요즘 외국 하이엔드 스피커는 몇천만 원짜리도 많아. 심지어 억대도 있거든. 내 스피커가 그것보다 못하라는 법 있나. 더구나 가격은 훨씬 싼데."

스피커를 만들어서 판다. 잘될 거라는 확신은 없었지만 해볼 만하다고 생각했다. 일단 디자인에 대한 반응은 아주 좋은 편이었다. 여기에다 소리도 훌륭하다는 평가를 받는다면 상업화할 수 있는 요건을 갖추게 되는 셈이다. 어차피 대량생산할 것도 아니지 않은가. 내 스피커는 최소한 3주에서 한 달은 걸려야 만들 수 있었다. 백 퍼센트 수작업이니까. 주문부터 완성까지 한 달이 걸리는 원목 수제 스피커. 콘셉트도 괜찮아 보였다.

공방 직원들과 스피커 주문 제작 시스템을 구축할 수 있을지를 상의해봤다. 주문을 받아 오면 공방에서 인클로저를 제작할 수 있다는 답변을 받았다. 내가 인클로저를 만드는 과정에서 터득한 노하우를 공방에 자세히 가르쳐주면 된다. 나무를 다루는 것은 공방 직원들이 나보다 뛰어난 전문가이니 품질은 걱정 안 해도 될 것이다. 공방 측과 논의하는 과정에서 스탠드를 나무로 만들지 말고 아크릴로 만들자는 아이디어가 나왔다. 아크릴 스탠드가 자작나무 인클로저와 잘 어울릴 것 같다는 제안이었다. 공방의 모기업이 아크릴 제작 회사인데 그곳에 있는 레이저로 가공해줄 수 있다는 얘기였다. 나는 그 제안이 맘에 들었다. 나무 스탠드는 사포질과 도색 작업으로 손이 많이 가지만 아크릴은 그럴 필요가 없기 때문이다. 가격만 비슷하다면 해볼 만한 시도였다. 즉시 아크릴 스탠드를 주문했다. 며칠 뒤 짙은 갈색과 투명한 색의 두 가지 아크릴로 만든 스탠드가 공방으로 배달되어 왔다. 아크릴 스탠드에 인클로저를 올려놓고 보니 나무 스탠드와는 느낌이 전혀 달랐다. 뭔가 더 세련되고 모던해 보였다. 그래, 바로 이거야. 자작나무와 아크릴의 만남. 멋진 앙상블이었다.

3월 말의 어느 토요일. 서울 신사동의 한 카페를 빌려 스피커 시연회를 개최했다. 카페의 음향 상태는 엉망이었다. 대리석 바닥에 한쪽 벽은 콘크리트, 또 한쪽 벽은 통유리. 오디오 사운드를 테스트하기엔 너무 울림이 많은 공간이었다. 시연회 시작 전에 몇 곡을 틀

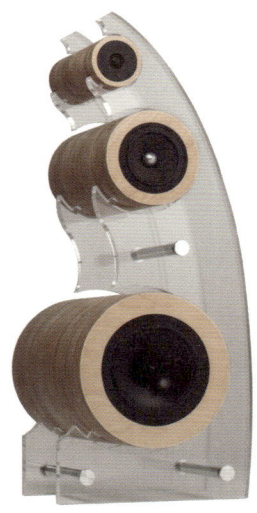

지인에게 소개받은 시내 스튜디오에서 촬영한 스피커의 프로필 사진.
스탠드의 재질을 나무에서 아크릴로 바꿨더니 느낌이 완전히 달라졌다. 더 모던해졌다고 할까. 어두운 색 스탠드는 밝은 배경과 어울리고 투명한 스탠드는 짙은 배경의 벽과 어울린다.

어보니 걱정했던 대로 소리가 명료하지 않고 저음도 벙벙대는 것처럼 들렸다. 우리 집 거실에서 들려주던 사운드의 70퍼센트 정도밖에는 표현하지 못하는 듯했다. 그래도 시연회는 성공적이었다. 60여 명이나 되는 회원들이 찾아온 것이다. 대다수가 디자인에 대해서는 놀라움과 만족스러움을 표시했고, 소리에 대해서도 긍정적인 평이 많았다. 주문 제작이 가능한지, 가격이 얼마인지 묻는 사람들도 적지 않았다. 그러나 나는 이 스피커의 가격은 얼마라고 똑 부러지게 대답할 수가 없었다. 정말로 알 수 없었다. 내가 만든 스피커가 얼마짜리인지. 원가를 계산하는 일조차 불가능했다. 자작나무와 아크릴 가격, 그리고 유닛과 부품의 수입 가격만 해도 적지 않은 금액이었다. 여기에 한 달 동안 투여한 내 노동력의 값어치를 어떻게 산출할 것인가. 그래서 나는 주문은 받을 수 있지만 가격은 아직 정해지지 않았다고 솔직하게 대답했다.

며칠 뒤, 놀랍게도 시연회에 참석했던 사람들 가운데 두 명이 스피커 제작을 의뢰해왔다. 한 명은 지인의 여동생이었는데 내가 스피커를 개발했다는 소문을 우연히 듣고 시연회에 찾아왔다고 했다. 오래전부터 오디오 시스템을 장만하려고 돈을 모아왔는데 내 스피커가 딱 맘에 들었단다. 전공이 성악이라 보컬의 표현력을 귀담아들었는데 다른 매장에서 들어본 수천만 원짜리 스피커보다 내 스피커의 소리가 더 좋았다고 했다.

다른 한 명은 수십 년 동안 음악과 오디오에 심취해온 50대 나이의 정통 마니아였다. 이미 많은 스피커와 앰프를 써봤기 때문에 좋은 소리가 어떤 건지 구별할 수 있는 귀를 가진 분이었다. 그 역시 내 스피커의 사운드가 자신이 가지고 있던 대형 스피커보다 더 낫다고 칭찬했다. 나는 두 명의 고객을 위해 다시 공방에 틀어박혔다. 모든 작업을 직접 하지 않고 공방 직원들과 나누어 진행하니 몸이 한결 편했다. 제작 기간도 일주일 정도 단축할 수 있었다. 그래 봤자 한 달에서 3주로 줄었을 뿐이지만.

자존심을 지키며
즐겁게 할 수 있는 일

그날도 공방에서 나무를 만지고 있었다. 회사 후배가 전화를 걸어왔다. 흥분한 목소리였다.

"박 선배, 조금 전에 방문진에서 김재철 사장 해임안이 상정됐어요."

"김 사장 해임안이 상정됐다고? 어차피 부결되는 것 아닌가?"

김재철 사장 해임안은 야당 추천 이사들에 의해 그동안 두 번이나 상정된 바 있었다. 물론 수적 열세에 밀려 번번이 부결됐다. 후배의 말을 듣자마자 나는 이번에도 마찬가지일 거라고 생각했다.

"이번에는 예전과 상황이 달라요. 여당 추천 이사들이 해임안 상정을 주도했대요."

"뭐? 그럴 리가 있나. 뭔가 잘못 알려진 거 아니야? 어떻게 여당 이사들이 김 사장을 자르겠다고 할 수가 있지?"

"김 사장이 본사 임원이랑 지방사 사장 인사를 하면서 방문진과 상의도 안 하고 자기 멋대로 했다고 여당 이사들이 화가 머리끝까지 났대요. 그래서 해임안을 상정해버렸어요."

듣고 보니 자중지란 격이었다. 김재철 씨는 박근혜 대통령 취임 후 MBC 사장 자리를 유지할 수 있을지 확신이 없어서 그동안 임원 인사를 미뤄왔다고 한다. 그러다 최근에야 정부 여당의 최고위급 실력자에게 사장을 더 해도 좋다는 언질을 받았다는 소문이 돌았다. 이에 기고만장한 김 사장은 방문진과의 협의 절차를 무시하고 제멋대로 임원 인사를 강행했다가 여당 이사들의 노여움을 산 것이다. 그러나 정말로 해임안이 가결될 것인지는 의문이었다. 권력의 지시에 따라 움직이는 여당 이사들의 속성을 생각할 때 청와대가 김 사장을 살리려 한다면 이번에도 해임안은 찻잔 속의 태풍으로 끝날 가능성이 높았다. 나는 후배를 타일렀다.

"너무 기대하지 마. 내가 보기엔 이번에도 헛방으로 끝나지 않을까 싶다. 우리가 그동안 한두 번 속았냐. 기대가 크면 실망도 큰 법이야."

그런데 내 예상은 보기 좋게 어긋났다. 사흘 뒤, 방문진이 정말로 김재철 사장을 해임해버린 것이다. 투표에서 여당 추천 이사 여섯 명 중 두 명이 끝까지 굴하지 않고 해임안에 찬성표를 던지는 바람에 5대 4로 가결됐다고 했다.

기쁨보다 허탈함이 먼저 찾아왔다. 8백 명의 언론인들이 무려 1백 70일 동안 길바닥에서 파업을 하며 불공정 보도를 규탄하고 김 사장의 비리를 폭로했지만 정부와 여당은 꿈쩍도 하지 않았다. 김 사장의 법인카드 유용과 업무상 배임을 수사해야 할 검찰은 오히려 노조 집행부를 구속하려 들지 않았는가. 김재철 사장이 3년 동안 자행해온 불공정 편파 보도로 인해 공영방송 MBC의 신뢰도는 날이 갈수록 추락해서 인터넷에서는 이제 '엠빙신'이라 불릴 정도였다. 대한민국 최고의 방송사였던 MBC, '만나면 좋은 친구' MBC가 그토록 짧은 기간에 이렇게 만신창이가 될 줄은 아무도 몰랐다. 모든 것은 김재철 사장 단 한 명의 리더가 불러온 재앙이었다. 그런데 이렇게 허무하게 단칼에 목이 날아가다니.

그날 저녁, 술집에 해고자들이 모였다. 우리의 심정은 대부분 비슷했다. 다들 기쁘지만 허탈하다고 했다. 뭔가 찜찜한 느낌이 든다는 사람도 있었다. 그 찜찜함은 어디로부터 온 것이었을까. 왜 그렇게 우리는 마음 놓고 기뻐하지 못했을까. 그것은 우리가 권력의 속성을 너무나 잘 알고 있었기 때문이다. 김 사장이 날아간 이상 다시 MBC의 사장을 뽑아야 한다. 그리고 지금은 박근혜 정권이 막 출범한 시기다. 청와대는 분명 다시 낙하산을 내려보낼 것이다. 결코

MBC를 그냥 내버려둘 리가 없다. 그게 문제였다.

술에 취해 비틀거리며 귀가한 나에게 아내가 말했다.

"오늘은 기쁜 날이니까 한 번만 봐준다. 어찌 됐든 축하해, 여보. 이제 곧 복직되겠지?"

"복직? 과연 내가 복직될 수 있을까? 다음 사장이 누가 될지 아무도 모르잖아. 김재철보다 더한 사람이 낙하산으로 올 수도 있어. 늑대 떠난 자리에 호랑이가 오는 거지."

"에이 설마, 그럴 리가 있겠어? 물론 보수적인 인물이 사장이 될 가능성이 높겠지만 해고자들은 복직시키겠지."

"글쎄, 두고 봐야지. 나도 당신 말이 맞았으면 좋겠다."

한 달 만에 우리의 걱정은 현실로 나타났다. MBC의 새 사장으로 김종국 대전 MBC 사장이 선임된 것이다. 김종국 씨는 엄기영 사장 시절, 사장의 오른팔 격인 기획조정본부장을 지냈던 인물이다. 그러다가 엄 사장이 방문진과 싸우다 사임해버리자 임원들 가운데 유일하게 살아남아 다시 김재철 사장의 사람이 됐다. 경남 MBC 사장으로 부임한 다음에는 김재철 사장의 지시에 따라 광역화를 강행하다 노조 지부장을 해고한 전력까지 있었다. 한마디로 노조와는 대화가 안 되는 사람이었다. 김재철이 비운 자리를 채우기 위해 청와대가 선택한 다음 낙하산은 결국 김재철의 아바타였다. 더이상 기대할 게 없었다. 그게 현 정권의 수준이었다. 놀라운 건 김종국 사장이

80년대 말, MBC 노조 초창기에 노조위원장을 지냈다는 사실이다. 그는 나중에 간부가 된 뒤에는 역대 위원장들이 참석하는 노조의 각종 행사에도 얼굴을 내밀지 않았다. 자신이 노조위원장이었다는 사실을 부끄러워하는 듯했다.

김종국 사장이 취임한 지 며칠 안 되어 선배 한 명이 내게 연락을 해왔다. 우리는 여의도의 한 술집에서 만났다. 선배가 심각한 얼굴로 얘기를 꺼냈다.

"어제 김 사장이 친하게 지내던 사람 몇 명을 불러 식사를 했는데 말이야, 거기서 해고자 문제가 화제에 올랐어."

"사장이 먼저 해고자 문제를 얘기하던가요?"

"아니, 우리가 말을 꺼냈지. 해고된 후배들 모두 복직시켜야 한다고. 다른 건 몰라도 그건 꼭 하셔야 한다고 얘기했거든. 그래야 사원들의 마음을 얻을 수 있고 노조하고도 대화를 시작할 수 있다고 말이야."

"사장이 뭐라고 했는지 내가 맞혀볼게요. 절대로 안 된다고 했죠?"

"어떻게 알았지?"

"그냥 그럴 것 같아서요. 그 양반, 해고자 복직시킬 사람 아니거든요. 노조하고도 대화하려 하지 않을 겁니다."

"네 말이 맞아. 당분간 해고자 복직 얘기는 꺼내지 말라고 하더군. 노조를 굉장히 싫어하는 것 같더라. 노조위원장까지 지낸 사람이 왜 그러는지 모르겠어."

선배의 전언은 내가 어렴풋이 그리고 있던 생각을 구체화하는 기폭제가 됐다. 그래, 복직의 꿈은 이제 접자. 소송으로 갈 수밖에 없다. 이제 1심이 시작됐으니 대법원까지 가려면 앞으로 몇 년이 걸릴지 모른다. 나는 스스로를 격려했다. 걱정 말자! 나에겐 스피커가 있지 않은가. 나는 세상에서 가장 아름다운 스피커를 디자인하고 내 손으로 직접 만들어내지 않았는가. 꼭 돈을 많이 벌 필요는 없다. 내가 만든 스피커의 가치를 인정해주는 사람들에게 적당한 가격으로 판매하면 된다. '백 퍼센트 수작업으로 주문 제작하는 명품 스피커', '최고의 디자인과 사운드를 합리적인 가격에 선사하는 국산 하이엔드 스피커'. 내 스피커의 슬로건이 될 것이다.

다음날 나는 세무서를 찾아갔다. 사업자 등록을 하기 위해서였다. 남아도는 시간을 때우기 위해 적당히 하는 소일거리는 싫었다. 하려면 제대로 해야 한다. 우선 내 이름 석 자를 걸고 회사를 만들어야 한다. 비록 혼자 하는 자영업일지라도. 내가 만든 제품을 떳떳하게 사람들에게 알리고, 정가를 받고 판매하고, 이익이 나면 세금도 낼 것이다. 이왕 하는 것, 대충대충 하는 건 내 성미와 맞지 않는다. 내가 언제 MBC로 돌아갈지는 모르지만 그때까지 해직 언론인으로서 내 자존심을 지키며 즐겁게 할 수 있는 일은 이것뿐이다.

- 회사 이름 | PSJ 디자인
- 대표 | 박성제
- 업종 | 제조업
- 품목 | 스피커

　난생처음 가져보는 사업자등록증을 손에 쥐고 나는 마음속으로 외쳤다.
　'이제부터 난 스피커 회사 사장이다!'

초짜 자영업자의 세상은 MBC 기자가 살던 곳이 아니었다

사업자 등록을 한 다음 내가 달려간 곳은 특허청이었다. 세상에 하나밖에 없는 스피커를 디자인했으니 당연히 디자인 특허출원을 해야겠다고 생각했다. 보통 특허출원은 변리사가 대행해준다. 나도 처음엔 변리사를 만나려 했지만 수수료가 백만 원 정도 들어간다는 사실을 알고 처음부터 끝까지 내 발로 뛰기로 마음을 바꿨다. 막상 신청서를 작성해보니 그렇게 어려울 건 없었다. 단지 스피커를 앞뒤, 좌우, 위아래, 그리고 대각선 방향에서 본 일곱 가지 각도의 도면을 그려서 제출해야 한다는 점이 나를 괴롭혔다. 손으로는 대충 그릴 수 있지만 특허 서류는 그래픽 프로그램을 사용해 그린 정확하고 정밀한 도면을 첨부해야 하기 때문이다. 아마추어 발명가들이 특허를 내면서 결국 변리사의 도움을 받는 이유가 결국 도면 때문이라는 것도 그래서 알게 됐다. 나는 궁리를 거듭하다 중소기업을 경영하는 친구를 찾아가 상의했다. 친구는 내 스피커의 사진을 보고 감탄하면서 충분히 제품화 가능성이 있다고 나를 격려했다. 그러고는 자기 회사의 디자이너를 내게 붙여줬다. 덕분에 돈 한 푼 안 들이고 일곱 가지 도면을 만들어 특허출원을 할 수 있었다.

그다음으로는 스피커의 이름을 만들어야 했다. 브랜드 없이는 상품을 팔 수가 없다. 처음엔 그냥 내 이름의 이니셜인 'PSJ'로 할 생각이었다. 사실 세계적으로 유명한 스피커는 사람 이름으로 브랜드명을 만든 경우가 많다. JBL, B&W, BOSE…… 모두 개발자의 이름으로 만든 스피커 브랜드들이다. 'PSJ 스피커'도 어감이 나쁘지 않았다. 내 회사 이름도 'PSJ 디자인'이 아니던가.

하지만 PSJ라는 브랜드는 느낌이 너무 심심했다. 더구나 내 스피커는 세상에 처음 데뷔하는 제품이었다. 좀 더 인상 깊고 상징적인 이름이 필요했다. 이래저래 머리를 굴리다 DP 회원들에게 스피커 이름을 지어달라고 글을 올려봤다. 좋은 이름이 생각 안 나면 남의 머리를 빌리면 되지. 그런 생각이었다. 회원들의 열띤 호응 속에 수십 개의 이름이 댓글로 올라왔다. 점점 커진다는 의미의 '크레셴도(CRESCENDO)', 원형의 인클로저가 우주를 상징한다 해서 '코스모스(COSMOS)', 원통 모양이 대포 같다고 '캐논(CANON)', 세 개의 인클로저로 삼위일체를 상징한다고 해서 '트리니티(TRINITY)'. 맘에 드는 이름이 많았다. 그런데 구글링을 해보니 같은 이름의 스피커나 오디오 관련 제품이 이미 외국에 존재했다. 쓸데없는 걱정이 생겼다. 혹시나 내 스피커가 잘 팔리고 유명해져서 외국에도 알려지면 어떡하지? 같은 이름을 가진 오디오가 있다면 분쟁이 생길 소지도 있었다. 아내에게 의견을 물어보자 이제 겨우 두 세트 주문받아 팔아놓고 걱정도 팔자라며 우스워했다. 하지만 결국 나는 새로운 이름을 직접 짓기로 마음먹었다. 이왕 세상에 없는 디자인으로 만들었으니 이름도 세상에 없던 걸로 지어주고 싶었다.

좋은 이름을 짓기 위해서는 백지 상태에서 다시 생각해봐야 했다. 내 스피커 디자인의 콘셉트는 무엇이었던가? 스피커를 정면에서 바라보자. 원이 보인다. 그리고 그 원을 곡선형의 스탠드가 감싸고 있다. 원과 곡선. 그러고 보면 원도 곡선이다. 바로 그거다. 곡선! 곡선이야말로 내 스피커의 핵심 콘셉트였다. 곡선을 영어로 하면? Curve. 커브. 커브. 커브. 몇 차례 입으로 발음해봤다. 별로 매력적으로 들리지 않았다. 게다가 너무 짧았다. 그렇다면 '곡선'의 뜻을 가진 다른 나라 말을 찾아볼까? 포털사이트의 어학 사전 기능은 이럴 때 아주 편리했다. 프랑스어 Courbe(쿠르브), 스페인어 Curva(쿠르바) 같은 단어가 눈에 띄었다. 괜찮은데 뭔가 부족했다. 발음할 때 조금만 더 튀는 맛이 있으면 좋을 것 같았다. 문득 영어 Curve의 과거분사인 Curved가 다시 떠올랐다. '곡선의', '휜', '굽은'…… 일단 '곡선'이라는 명사보다 형용사라서 더 맘에 든다. 이걸 프랑스어로 바꾸면? Courbé, 발음은 '쿠르베'가 된다. 쿠르베, 쿠르베, 쿠르베…… 바로 이거야, 쿠르베! 무엇보다 발음이 맘에 들었다. 상징하는 의미도 딱이다. 곡선으로 이뤄진 스피커, 쿠르베. 세상에서 가장 아름다운 스피커, 쿠르베. 나의 스피커, 쿠르베.

그런데 쿠르베라는 이름이 왠지 낯설게 들리지 않았다. 맞다. 〈세상의 기원〉이라는 그림으로 유명한 프랑스의 화가 이름이 구스타프 쿠르베였지. 발음만 놓고 보면 화가 이름을 스피커 이름으로 사용했다는 오해를 받을 수도 있겠는데. 다행히 알파벳 철자는 달랐다. 그렇다면 상관없다는 판단이 들었다.

이제 'Courbé'라는 이름으로 브랜드 로고를 만들 차례다. 심플하면서도 세련된 로고라면 금상첨화다. 나는 DP 회원 중에서 친하게 지내던 광고 디자이너 '클랩튼' 님에게 연락했다. 쿠르베라는 이름을 설명하고 디자인을 부탁했다. 클랩튼 님은 흔쾌히 승낙하고 며칠 뒤 멋진 쿠르베 로고를 그려서 보내왔다. 심플하면서 세련된 글자체에 주황색으로 변화의 포인트를 주었다고 했다. 두말할 것도 없었다. 내 마음에 쏙 드는 디자인이었다.

DP 친구인 클랩튼 님이 디자인해준 '쿠르베'의 브랜드 로고. 깔끔하고 세련된 느낌이다. 을지로 명패 전문 상가에 주문해 만들었는데 개당 단가를 아끼기 위해 2백 개나 제작했다. 과연 2백 개를 다 쓸 수나 있을까?

이것이 19년 차 기자의
추진력이다

다음날 나는 또다시 특허청으로 달려갔다. 물론 쿠르베라는 상표를 등록하기 위해서였다. 디자인 특허에 이어 상표 등록까지, 내가 명실상부한 쿠르베 스피커의 개발자 자격을 획득한 것이다. 이제 열심히 홍보하고 열심히 만들어서 팔기만 하면 된다.

쿠르베를 홍보하려면 먼저 홈페이지를 만들어야 했다. 그런데 콘텐츠가 너무 부족했다. 스피커 사진 몇 장만으로 무턱대고 홈페이지를 만들면 오히려 초라해 보일 가능성이 높았다. DP에 의견을 묻자 블로그를 먼저 시작하라는 조언이 많았다. 요즘은 소규모 자영업자들이 홈페이지보다는 블로그나 카페를 운영하는 게 대세라는 얘기였다. 특히 블로그는 쿠르베와 관련된 이런저런 콘텐츠를 하나씩 채워가면서 자연스럽게 방문자들을 끌어 모을 수 있을 것 같았다. 오케이. 쿠르베 블로그를 만들자.

모 일간지의 J기자가 떠올랐다. 아내의 1년 후배이자, 우리 부부와 15년 이상 우정을 나눠온 그녀는 언론계에서 블로그를 가장 효과적으로 활용하는 기자 중 한 사람이었다. 맛난 점심을 사겠다며 J를 불러낸 나는 식당에서 두 시간 가까이 재미있는 블로그 만드는 비법에 대해 강의를 들었다. 다음날 나는 쿠르베 블로그를 개설했다. 블로그의 이름은 물론 '세상에서 가장 아름다운 스피커'였다. 페이스북도 시작했다. 비즈니스를 하려면 트위터는 안 해도 페이스북은 반드시 해야 한다는 얘기를 들었기 때문이다. 다행히 20년 가까이 되는 언론계 생활에서 쌓아놓은 인맥이 큰 도움이 됐다. 페이스북을 하는 많은 언론계 선후배들은 MBC 해직 기자 박성제가 신기하게 생긴 스피커를 개발했다는 소식을 반복해서 퍼뜨려주었다. 덕분에 나의 페이스북 친구가 하루에 수십 명씩 늘어났다.

사업자 등록, 디자인 특허, 상표 등록, 그리고 블로그에 페이스북까지. 사업을 위한 준비는 차질 없이 진행됐다. 하지만 정작 가장 중요한 문제는 해결하지 못하고 있었다. 스피커를 판매하려면 제품을 직접 살펴보고 소리를 들어볼 수 있는 청음실이 있어야 했다. 요즘 인기 있는 하이엔드 오디오 수입 회사들은 용산 전자 상가를 벗어나 강남에 매장을 내는 게 유행이었다. 청담동이나 압구정동에 매장이 있어야 하이엔드라는 이미지를 살릴 수 있다는 마케팅 전략 때문이다. 그러나 밑천 한 푼 없는 해직 기자가 강남에 매장을 낸다는 건 언감생심 꿈도 못 꿀 일이었다. 건물 지하나 2, 3층에 청음실을 꾸민다 해도 몇백만 원의 월세와 최소 몇천만 원대의 보증금을 내야 할 것이다. 거기에다 인테리어 비용까지 지출하게 되면 억대의 빚을 내야 할 판이다. 노, 안 돼, 불가능하다. 그렇다고 사람들의 발길이 뜸해진 지 오래인 용산 전자 상가로 가는 것도 맘에 들지 않았다. 나는 K박사에게 조언을 구했다. 그는 오디오 설계뿐 아니라 업계 사정도 잘 아는 전문가니까 뭔가 그럴듯한 아이디어가 있을 것 같았다.

공방 휴게실 한켠에 어렵사리 마련한 쿠르베 청음실.
네댓 평 정도의 작은 공간에 특별히 인테리어도 하지 못했지만 쿠르베가 처음으로 둥지를 틀고 고객을 맞이한 소중한 곳이다. 이곳을 방문한 고객들은 나무로 둘러싸인 느낌이 오히려 정겨워서 좋다고 말하곤 했다.

"굳이 시내 한복판에 무리해서 매장이나 청음실을 꾸밀 필요는 없습니다. 그냥 공방 한쪽에다 전시하는 건 어떨까요?"

K박사는 별로 고민해보지도 않고 쿨하게 해결책을 제시했다. 내가 다시 물었다.

"공방이 양재동이라 접근성이 좀 떨어지지 않을까요?"

"어차피 쿠르베는 하이엔드 스피커잖아요. 길 가다가 쇼윈도 디스플레이를 보고 들어와서 구입하는 물건은 아니잖아요. 처음에는 인터넷 마케팅에만 주력하시고 입소문 듣고 찾아오는 고객들에게 주문을 받는 방식으로 일을 하시는 게 안전할 겁니다. 물론 고급스러운 매장이 있으면 더 좋겠지만 그러면 마케팅 비용이 상승하니까 스피커 가격도 올려야 됩니다. 그건 쿠르베의 개발 취지와도 맞지 않아요."

정확한 지적이었다. 나는 거품 많은 수천만 원짜리 스피커를 만들어서 돈 많은 고객들을 상대로 팔 생각이 없었다. 최고의 디자인과 사운드를 선사하는 명품 스피커를 몇백만 원대의 합리적인 가격에 선보이는 게 내 목표가 아니던가.

"K박사 말이 맞는 것 같아요. 공방 사람들과 상의해봐야겠네요."

다행스럽게도 공방 측에서는 공방 한구석에 있는 휴게실을 쿠르베 청음실로 제공해주기로 했다. 쿠르베의 사운드를 백 퍼센트 실감하기에는 비좁은 공간이었지만 아쉬운 대로 그럴듯하게 꾸밀 수 있었다. 무엇보다 임대료가 나가지 않는 게 최고의 장점이었다.

마지막으로 나는 쿠르베의 소비자가격을 얼마로 할지 고민했다. 최고급 핀란드산 자작나무와 특별 주문 아크릴, 노르웨이산 유닛과 부품의 수입 가격, 그리고 최소 3주간 제작에 매달리는 공방 직원들의 공임을 따져보았다. 공방 측에서는 소비자가격을 최소한 천만 원 이상으로 책정해야 한다고 말했다. 제조업을 하는 친구에게 대략의 원가를 알려주고 조언을 구해봤더니 그 정도 물량이 투입됐으면 천 5백만 원은 받아야 운영이 될 거라는 답변이 돌아왔다. 하지만 나는 도저히 그렇게 할 수가 없었다. 쿠르베의 소비자가격은 무조건 천만 원 아래로 한다. '합리적인 가격대의 하이엔드 스피커', 이것이 내가 정한 쿠르베의 콘셉트이기 때문이다. 내가 즐거워지기 위해 개발한 스피커이니만큼, 고객들에게도 최소의 비용으로 최대의 행복을 선물하고 싶었다. 유통 과정의 거품 없이 주문에서부터 제작, 설치에 이르기까지 모든 것을 나 혼자서 책임지는 1인 기업이었기에 가능한 가격이기도 했다.

블로그와 페이스북으로 홍보를 시작한 지 일주일쯤 지났을까. 쿠르베 스피커의 소리를 들어보고 싶다는 사람들이 연락을 해오기 시작했다. '인터넷에서 우연히 사진을 봤는데 디자인이 너무 특이하고 아름다워서 놀랐다. 소리는 어떨지 궁금하다.' 대개 이런 내용이었다. 청음실에 찾아와서도 쿠르베가 어느 나라에서 수입된 제품이냐고 물어보는 사람이 적지 않았다. 내가 직접 디자인해 만드는 거라고 설명하면 모두들 놀라워했다. 소리를 듣고 돌아간 고객들 중

일부가 주문을 해왔다. 얼추 열 명에 한두 명꼴이었다. 놀라운 경험이었다. 내가 만든 스피커를 사람들이 인정해주고 있었다.

> "지금은 MBC 직원이
> 아니지 않습니까?"

주문이 시작되자 쿠르베에 사용할 유닛을 넉넉하게 준비해놓기 위해 스피커 부품을 파는 해외 쇼핑몰에 접속했다. 다섯 세트 분량의 유닛을 장바구니에 담은 뒤, 신용카드 번호를 입력했다. 사업자 등록을 한 직후 은행에 가서 회사 이름인 'PSJ 디자인' 명의로 개설한 신용카드였다. 그런데 결제가 되지 않았다. 결제 버튼을 계속 눌러보았지만 '이 카드로는 결제를 할 수 없다'는 에러 메시지만 떴다. 도저히 이유를 알 수 없어서 바로 은행으로 달려갔다. 단순한 오류인 줄 알았는데 은행 여직원의 설명은 뜻밖이었다. 사용 한도 초과로 결제가 안 된 것이란다.

"한도 초과요? 특별히 쓴 것도 없는데 무슨 한도를 초과했다는 거죠?"

"고객님, 쇼핑몰 결제액이 얼마였죠?"

"5천 달러 조금 안 됩니다."

"그러니까 당연히 결제가 안 되죠. 현재 고객님 신용카드 월 한

도액이 4백만 원으로 설정돼 있거든요."

은행 직원의 말은 상냥했지만 나는 부아가 치밀어올랐다.

"4백만 원이라뇨. 월 4백만 원밖에 쓸 수 없는 카드로 어떻게 사업을 하라는 겁니까? 구멍가게 주인이라도 그런 카드로는 사업을 할 수 없어요. 저는 제조업을 하는데 외국 쇼핑몰에서 미리 부품을 적당히 주문해놓아야 제품을 만들 수 있단 말입니다. 월 2천만 원쯤으로 한도를 늘려주세요."

"죄송합니다, 고객님. 그렇게 갑자기 한도를 늘리는 건 불가능합니다. 고객님은 아직 매출이 부족해서 신용도가 낮기 때문에 4백만 원이 한도입니다."

매출이 부족하다고? 어이가 없었다. 나는 화가 나서 목소리를 높였다.

"이거 보세요. 이제 막 사업자 등록하고 제품이 팔리기 시작했는데 어떻게 매출이 많을 수가 있겠어요? 매출을 늘리려면 제품을 만들어야 하고 제품을 만들려면 부품을 사야 할 것 아닙니까? 그런데 부품도 주문 못 하게 한도를 막아놓고 매출이 없어서 신용이 낮다니, 이게 말이 됩니까?"

"정말 죄송합니다, 고객님. 저희 은행 규정이 그렇게 돼 있어서 저희도 어쩔 수가 없습니다."

'죄송합니다, 고객님'이라는 말만 연발하는 여직원이 그렇게 얄미워 보일 수가 없었다. 나는 분노를 억누르면서 다시 사정했다.

"내가 20년 가까이 MBC에 다녔거든요. 그때도 이 은행 신용카드를 썼는데 한도가 월 1천5백만 원이었다고요. 내 신용도가 그 정도란 말입니다."

"고객님, 그때는 MBC에 계셨으니까 한도가 높았던 거죠. 지금은 MBC 직원이 아니지 않습니까?"

갑자기 말문이 막혔다. 머릿속이 하얘졌다. 그녀의 말이 맞다. 나는 이제 MBC라는 큰 방송사의 직원이 아니다. 은행 직원이 보기에는 흔하디흔한 40대 실직자일 뿐이다. 무얼 믿고 한도 2천만 원짜리 카드를 만들어주겠는가. 기운이 빠졌다. 그래도 이대로 돌아갈 수는 없었다. 어떻게든 신용카드 한도를 높여놓아야 유닛을 주문할 수가 있지 않은가. 스피커를 한 세트 만들 때마다 매번 부품을 주문하면 해외 배송비를 감당할 수가 없다. 나는 화를 꾹 참으며 단호한 목소리로 말했다.

"내가 MBC를 그만둬서 신용도가 낮아졌다 이거죠? 좋습니다. 내가 이제 막 사업을 시작해서 신용도가 낮다고 칩시다. 당신네 은행, 요즘 TV 광고 보니까 기업 하는 사람들을 위해 각종 지원을 한다고 막 자랑하더군요. 내가 몇천만 원, 몇억 원 대출해달라는 것도 아니고 신용카드 한도 좀 늘려달라는 것뿐인데 기업을 지원하려면 나 같은 자영업자들 먼저 배려해줘야 되는 것 아닙니까? 아무래도 아가씨하고는 말이 안 통하니까 지점장님 좀 모시고 나오세요. 지점장님께 직접 얘기해볼 테니."

지점장을 불러오라는 내 말에 창구 여직원의 얼굴이 울상이 됐다. 잠시 생각하던 그녀는 은행 안쪽에 앉아 있던 남자 상사에게 달려갔다. 자초지종을 들은 남자 상사가 몇 가지 서류를 들춰보더니 잠시 후 내게 다가와 말했다.

"박성제 고객님, MBC에서 근무하셨다고요? 저희가 이번에만 특별히 한도를 늘려드리겠습니다. 하지만 2천만 원은 힘들고 일단 1천만 원으로 해드리겠습니다. 그게 저희가 할 수 있는 최선입니다."

어렵사리 목적은 달성했지만 은행 문을 나서는 마음이 편치 않았다. 착잡했다. 은행 직원들의 잘못은 없다. 그냥 세상이 이런 것이다. 큰 사업을 하는 기업가들에게 은행 돈 몇십억 빌리는 것쯤은 아무것도 아니겠지만 자영업자는 카드 한도 몇백만 원 늘리는 것도 만만치 않은 일이다. 대기업 직원들에게 은행은 여윳돈 관리해주고 마이너스통장도 선뜻 내주는 친절한 서비스 기관이다. 그러나 고객이 회사를 그만두는 순간 은행은 문턱 높은 고자세의 갑이 돼버린다. MBC라는 든든한 그늘을 잃어버린 지금의 나는 언제라도 카드 이용 대금을 떼어먹을지 모르는, 요주의 대상 고객인 것이다. 내가 대출을 받으려 했다면 분명 담보를 요구받았겠지. IMF 때 직장을 잃고 치킨 집, 커피 전문점, 편의점을 차리는 가장들을 취재하던 때가 떠올랐다. 사업 자금 몇천만 원을 대출받기 위해 이 은행 저 은행을 전전하던 그 사람들의 좌절감을 당시 나는 얼마나 절실하게 이해했을지. 함께 해고된 다른 동료들은 지금 뭘 하면서 지내고 있을까. 문득 그들의 정겨운 얼굴이 보고 싶어졌다.

"안 된다니까요, 죄송하지만 나가주십시오"

블로그와 페이스북을 운영해보니 인터넷만으로 스피커를 홍보하는데 한계가 느껴졌다. 브로슈어를 만들면 어떨까. 오프라인에서 만나는 사람들에게 쿠르베의 사진이 담긴 브로슈어를 나눠 주면 좋을 것 같았다. 쿠르베 로고를 디자인해준 클랩튼 님과 상의를 했더니 이번에도 도와주겠다고 했다. 일주일 만에 깔끔하고 세련된 브로슈어가 완성됐다. 그런데 클랩튼 님은 디자인 비용을 받지 않겠다고 고집을 피웠다. 눈물 나게 고마웠지만 매번 무료로 도움을 받을 수는 없었다. 돈을 내겠다, 안 받겠다, 한참을 실랑이하다가 쿠르베 3웨이를 만들기 전에 시험 삼아 만들었던 작은 풀레인지 스피커를 선물하는 것으로 합의를 봤다.

쿠르베 브로슈어를 2천 부나 인쇄했다. 평소 내가 만나는 사람들이나 공방에 찾아오는 고객들에게 한두 부씩 나눠 주기에는 너무 많은 분량이었다. 이 많은 브로슈어를 어떻게 소화할 것인가. 좀 무식한 방법이 떠올랐다. 서울 시내 대형 음반 매장에 1~2백 부씩 가져다놓으면 어떨까. CD를 사러 오는 사람이라면 당연히 스피커에도 관심이 있지 않을까. 나는 그날부터 몇백 부의 브로슈어를 가방에 넣고 음반 매장을 순회하기 시작했다. 제일 먼저 강남의 꽤 유명한 매장을 찾아갔다. 클래식 음반이 많아서 내가 가끔씩 들르던 곳이기도 했다. 그런데 막상 매장에 들어가보니 뭐라고 말을 꺼내야 할지 입이 떨어지지 않았다. 머뭇거리는 나를 보고 여직원이 친절하게 물었다.

"특별히 찾는 음반이 있으신가요? 제가 도와드리겠습니다."

"저…… 저는, 음반을 사러 온 게 아니고요."

내가 쭈뼛쭈뼛 말을 더듬자 직원의 표정이 대번에 차가워졌다.

"그럼 무슨 일로 오신 거죠?"

에라 모르겠다. 그냥 단도직입적으로 나가면 되지, 뭐. 나는 용기를 냈다.

"아, 네, 저는 수제 스피커를 제작하는 사람인데요. 저희 제품 브로슈어를 이곳에 비치해놓을 수 있을까 해서 부탁 좀 드리려고요."

"죄송합니다. 저희는 홍보 전단 같은 건 매장에 비치하지 않습니다. 손님들이 싫어해서요."

직원의 태도가 단호해 보였지만 나는 웃으며 다시 부탁했다.

"저도 여기 단골입니다. 제가 백 부만 놓고 갈 테니 관심 있는 분들이 한 부씩 가져가실 수 있게 해주시면 됩니다. 부탁드릴게요."

"안 된다니까요. 죄송하지만 나가주십시오."

이번엔 남자 직원까지 다가와서 매몰차게 잘라 말했다. 도리가 없었다. 그들에게는 내가 당연히 잡상인처럼 보일 터였다. 나는 그냥 돌아서 나올 수밖에 없었다. 씁쓸했지만 내가 부탁하는 입장에서 실랑이를 벌일 수는 없는 일 아닌가. 그렇다고 포기할 수는 없었다. 다만 막무가내로 부탁하기보다는 좀 더 효과적인 접근법을 강구했다.

두번째로 찾아간 매장. 나는 일단 새로 나온 음반 코너에서 CD 한 장을 골라 계산을 했다. 그런 다음 스피커 회사 직원인데 브로슈어를 놓고 가도 되겠냐고 슬쩍 물어보니 어렵지 않게 허락을 받을 수 있었다. 이런 식으로 나는 며칠 동안 시내 음반 매장 대여섯 군데에 수백 부의 브로슈어를 뿌릴 수 있었다. 가구 매장은 어떨까. 괜찮을 것 같았다. 강남의 번화가를 걷다가 고급 원목 가구를 판매하는 매장이 보이면 문을 열고 들어갔다. 문전박대를 당하고 쫓기듯 돌아서서 나온 곳도 많았지만 관심을 보이며 브로슈어를 받아주는 곳도 꽤 있었다.

과연 이런 막무가내식 홍보 방식이 효과가 있을까? 확신은 없었다. 하지만 그냥 공방에 앉아 블로그와 페이스북만 들여다보며 고객이 찾아오길 기다리기에는 아직 쿠르베의 인지도가 너무 낮았다. 창피해할 것 없어, 박성제. 넌 이제 기자가 아니라 자영업자야. 동네에서 치킨 집을 차려도 아파트 집집마다 돌아다니면서 전단지 뿌리는 건 기본 아닌가. 다른 오디오 제품처럼 잡지나 인터넷에 광고를 하려면 돈이 많이 들잖아. 지금은 자본이 없으니 일단 몸으로 때우는 수밖에 없어. 조금만 얼굴이 두꺼워지면 되는 거야. 남들에게 피해 주는 일도 아닌데, 뭘. 자, 오늘도 힘을 내라고. 나는 스스로를 격려하면서 공방을 나섰다. 가방 속에 브로슈어를 수십 부씩 넣어가지고 다니다가 누군가를 만날 때마다 나눠 줬다. MBC 동료들, 친구들, 고등학교 동문 선후배, 그리고 친하게 지내던 다른 언론사 기자들까지. 처음엔 내가 스피커 사업을 시작했다고 하니 대부분 고개를 갸우뚱했다. 하지만 브로슈어에 담긴 스피커 사진을 보고는 모두들 감탄하며 적극적으로 홍보해주겠다고 약속했다. 닥치는 대로 브로슈어를 뿌리다 보니 6월 한 달이 흘러갔다. 그리고 무더위가 다가올 무렵 서서히 막무가내식 홍보의 효과가 나타나기 시작했다.

디자이너
박 선생님이세요?

먼저 관심을 보이고 연락을 해온 것은 언론 쪽이었다. 〈미디어오늘〉, 〈미디어스〉, 〈한겨레21〉…… 평소 미디어 이슈를 많이 다루던 매체 기자들에게, MBC 해직 기자가 느닷없이 고급 스피커를 개발해 사업을 시작했다는 사실이 상당히 흥미로운 기삿거리였나보다. 기사의 포인트도 제품 자체의 디자인이나 사운드의 퀄리티를 소개하기보다는 해고 이후의 인생 역정에 맞춰질 수밖에 없었다. 공방을 찾아와 나를 인터뷰한 기자들은 지난 1년간의 쿠르베 개발 과정을 무척 흥미로워했다. 그러고 나서 며칠 뒤면, 스피커 앞에 앉아 있는 나의 사진과 함께 다음과 같은 제목들의 기사가 실리곤 했다.

남성지 〈GQ〉의 신제품 코너에 실린 쿠르베의 사진.
조명과 포토샵, 구도의 위력으로 스피커의 위용이 당당해 보인다. 패션, 명품 잡지의 관심은 쿠르베가 일반 대중에게도 알려지는 계기가 됐다.

"입소문 난 스피커의 비결, 해고 뒤 덮쳐온 절실함"_〈미디어오늘〉

"스피커 만드는 MBC 전 노조위원장 박성제를 만나다"_〈미디어스〉

"MBC 해직 기자가 복직을 기다리면서 만들어낸 '세상에서 가장 슬프고 아름다운 스피커, 쿠르베'"_〈한겨레21〉

"세상에서 가장 슬프고 아름다운 스피커"라니. 묘한 헤드라인이었다. 그럴 수도 있겠구나. 어찌 보면 당연한 일이다. 언론계 사람들에게 공정 보도를 위해 싸우다가 해직된 기자가 만든 쿠르베는 슬픈 사연이 담긴 스피커였다. 그런데 나에게 쿠르베는 슬픈 스피커가 아니었다. 해고 이후 스트레스와 분노를 달래기 위해 목공을 시작한 건 맞지만 쿠르베를 개발한 진짜 이유는 나 자신의 성취욕 때문이다. 지금까지 없었던 스피커. 예술적인 디자인과 사운드의 퀄리티를 겸비한 최고의 스피커를 만들어내겠다는 게 나의 목표가 아니었던가. '해직 언론인이 만든 스피커'보다는 '장인이 만든 명품 스피커'라는 평가를 받고 싶었다. 쿠르베와 해직 기자 박성제를 분리하고 싶었다.

뜻밖에도 그런 바람은 금세 이뤄졌다. 인터넷 여기저기에 실린 쿠르베의 사진을 보고 최신 트렌드 상품과 패션을 다루는 남성지 〈GQ〉에서 연락이 온 것이다. 〈GQ〉의 취재 팀은 내가 쿠르베를 개발하게 된 동기에는 관심이 없었다. 스피커 디자인을 칭찬하더니 제품 사진이 잘 나와야 한다며, 공방에 흰색 커튼과 조명까지 설치하고 쿠르베를 촬영했다. 그 뒤 이달의 신제품을 소개하는 코너에 쿠르베의 디자인과 사운드에 대한 호평 기사가 실렸다. 심지어 〈GQ〉의 쿠르베 사진이 '네이버' 1면에 올라오기까지 했다.

〈럭셔리〉, 〈노블레스〉, 〈뮤인〉 같은 명품 잡지에서 쿠르베의 사진과 기사를 실은 것도 비슷한 시기다. 인터뷰 내용도 해직 이후의 삶보다는 스피커 디자인의 콘셉트, 훌륭한 사운드의 비결에 집중되었다. 내가 원했던 바로 그런 기사였다.

보이는 예술에서 들리는 예술까지, 스피커 쿠르베

언론과 잡지들의 호평 덕분에 공방을 찾아오는 고객들이 조금씩 늘고 있었다. 쿠르베에 관심을 보이는 고객들은 보통 마니아들과는 좀 달랐다. 오디오 마니아들은 이미 명품으로 인정받은 브랜드를 절대적으로 선호하는 경향이 있다. 유명 브랜드 오디오의 성능과 소리가 이미 검증됐기 때문만은 아니다. 마니아들은 오디오를 자주 바꾼다. 나도 그랬다. "바로 이 소리야!" 하며 홀딱 반해서 거실에 들여놨다가도 몇 달도 안 되어 금방 싫증을 내고 인터넷 중고 장터에 내놓기 일쑤였다. 용산 전자 상가 같은 오프라인 오디오 가게에 적당히 손해를 보고 넘기기도 한다. 따라서 중고 거래가 잘되는 유명 브랜드가 아닌 신생 브랜드 오디오는 어지간해서는 마니아들에게 선택받기 힘든 구조인 것이다. 같은 이유로 사운드 퀄리티에는 상당히 신경을 쓰지만 스피커나 앰프의 디자인에는 오히려 무덤덤한 경우가 많다.

반면 쿠르베를 찾는 고객들은 평범한 음악 애호가들이 대부분이었다. 좋은 스피커로 음악을 듣고 싶은 욕구는 있지만 바꿈질에는 관심이 없는 이들이었다. 이런 고객들은 오히려 디자인을 중요시하는 경향을 보인다. 거실에 놓일 스피커가 과연 집 안의 인테리어를 돋보이게 해줄까를 꼼꼼히 따진다. 마치 내 아내가 네모나고 커다랗기만 한 스피커를 싫어하는 것과 마찬가지다. 쿠르베 고객 중 부부가 함께 오거나 심지어 여성 혼자서 오는 경우도 많은 것은 바로 그런 이유에서였다.

나는 고객이 방문하면 먼저 인클로저를 제작하는 작업실로 안내했다. 쿠르베가 얼마나 공들인 작업을 통해 만들어지는지를 보여준 다음에야 청음실에서 소리를 들려준다. 플라스틱이나 MDF로 공장에서 대량생산되는 평범한 스피커가 아니라, 장인들의 정교하고 섬세한 수작업을 통해 제한된 수량밖에 만들지 못하는 명품이라는 점을 체감하게 해주고 싶기 때문이다. 고객들은 대부분 고개를 끄덕였다. 비록 다녀간 고객들 중 실제로 주문을 해오는 경우는 열에 하나 둘이었지만.

어떤 고객들은 쿠르베를 맘에 들어하면서도 가격은 부담스러워했다. 그도 그럴 것이 수백만 원짜리 스피커를 소리 한 번 들어보고 고

쿠르베 주니어.
3웨이에서 우퍼를 생략하고 나머지 콘셉트는 그대로 살린 디자인이다.

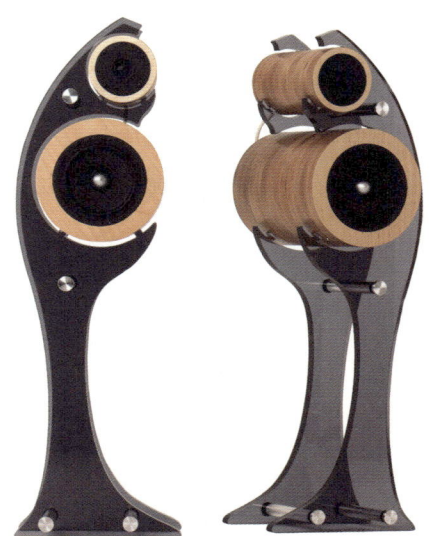

쿠르베 엘르.
주니어에서 다리를 길게 늘이고 아랫단은 치마의 느낌이 나게 했다.

민 없이 구입하는 사람이 얼마나 될까. 게다가 쿠르베는 높이가 1미터 20센티미터나 되는 덩치 큰 스피커다. 아파트로 치면 최소한 40, 50평대 거실의 넉넉한 공간에서 제 실력을 발휘할 수 있는 제품인 것이다. 작은 방이나 장식장 위에 올려놓고 음악을 들을 수 있는, 좀 더 작고 가격도 저렴한 모델이 반드시 있어야 했다. 쿠르베 라인업 다양화의 필요성이 대두된 것이다. 여름이 지나갈 무렵, 나는 2웨이 쿠르베의 디자인에 착수했다.

제일 먼저 떠오른 생각은 쿠르베의 디자인 콘셉트를 그대로 가져오면서 크기만 대폭 줄인 2웨이 버전이었다. 3웨이에서 우퍼를 들어낸 다음 아크릴 스탠드의 곡선을 거의 그대로 살린 디자인이 하룻밤 만에 완성됐다. 누가 봐도 쿠르베의 동생이나 자식뻘 되는 모델이었다. 나는 '쿠르베 주니어(Courbé Junior)'라는 이름을 붙였다.

주니어를 만들어놓고 보니 꽤 맘에 들었지만 키가 좀 더 큰 모델이 추가됐으면 좋겠다는 생각이 들었다. 주니어의 콘셉트를 그대로 유지하고 동일한 사운드를 내면서 동시에 거실에 세워놓을 수 있는 주니어의 롱다리 모델을 만들고 싶었다. 방법은 간단했다. 아크릴 스탠드의 길이를 늘이면 된다. 하지만 만만치 않았다. 이번에는 하룻밤 만에 그려낼 수가 없었다. 며칠 동안 스케치를 거듭한 끝에 늘씬하면서도 우아한 느낌의 스탠드 디자인을 완성할 수 있었다. 안정감을 위해 스탠드의 아랫단 폭을 넓혔더니 여성의 치맛자락처럼 보였다. 그래서 여성을 상징하는 이름을 붙여주고 싶었다. '쿠르베

쿠르베 스노우맨.
아크릴 스탠드를 과감히 버리고 월넛 거치대로 디자인을 단순화했다.
쿠르베 패밀리 중에서 가장 인기 있는 모델이기도 하다.

쿠르베 미니.
쿠르베의 디자인을 완성하는 과정에서 시험 삼아 만들었던
풀레인지 작품을 보완해 쿠르베의 막내 모델로 만들었다.

퀸', '쿠르베 브라이드', '쿠르베 프린세스', '쿠르베 엘르', '마담 쿠르베' 같은 이름이 생각났다. 페이스북 친구들을 대상으로 투표에 부쳐 봤더니 '쿠르베 엘르(Courbé Elle)'가 가장 많은 추천을 받았다. 쿠르베 3웨이와 함께 가장 인기 있는 모델 '엘르'는 그렇게 세상에 선을 보였다.

어느 날 아내가 지나가듯 말했다. 좀 더 심플한 디자인도 만들어봐. 심플한 디자인? 아예 아크릴 스탠드를 없애버리면 어떨까? 두 개의 원통 인클로저를 단순히 위아래로 붙여버리는 거지. 아래쪽에는 월넛 원목으로 만든 받침대를 붙여주면 돼. 트위터와 미드우퍼 사이 역시 월넛 조각으로 연결하면 예쁠 것 같았다. 밝은 색과 어두운 색의 나무를 조합하면 심플하면서도 세련돼 보인다. 예전에 와인랙과 화장대를 만들 당시 체득한 경험을 살린 디자인이다. 시제품을 만들어놓고 보니 공방 사람들이 이구동성으로 눈사람을 닮은 것 같다고 재미있어했다. 그렇게 해서 '쿠르베 스노우맨(Courbé Snowman)'이 탄생했다.

이런 모양, 저런 모양의 스케치를 수십 수백 장 그리다 보면 버리기 싫은 아이디어가 있게 마련이다. 물방울 모양의 인클로저 디자인도 그래서 태어났다. 어쩌다 그려봤는데 사장시키기는 아까웠다. 아내에게 보여줬더니 역시 쿨하게 말한다.

"그것도 예쁜데. 만들어봐."

나도 쿨하게 대답했다.

쿠르베 듀.
트위터와 미드우퍼를 하나의 인클로저에 넣어서 제작 비용을 최소화한 모델이다.

쿠르베 아톰.
고성능 4인치 미드우퍼를 채용하고 듀의 디자인을 축소해서 책상 위에 올려놓고 감상할 수 있도록 디자인했다.

"오~케이, 만들라면 만들지, 뭐."

내가 공방에 디자인을 넘기자 정확히 2주 만에 인클로저가 완성됐다. '이슬'이라는 뜻의 '쿠르베 듀(Courbé Dew)'는 이렇게 태어났다.

2웨이 모델 중 가장 나중에 만든 '쿠르베 듀'의 소비자가격은 2백만 원대로 책정됐다. 쿠르베 라인업 중에서 상대적으로 저렴한 모델이지만 취미로 음악을 듣는 평범한 애호가들에게는 그래도 만만치 않은 가격이다. 좀 더 대중적인 모델이 필요했다. 크기도 아담해서 작은 방의 컴퓨터 모니터 옆이나 책상 위에 올려놓을 수 있는 스피커. 이른바 PC-Fi용 혹은 Desk-Fi용 스피커를 만들어 내놓으면 젊은 마니아들의 관심을 끌 수 있을 것 같았다. 그렇게 해서 나온 모델이 '쿠르베 아톰(Courbé Atom)'이다. 기본적으로 '쿠르베 듀'의 물방울 모양 콘셉트를 그대로 살리면서 크기만 절반쯤으로 축소한 디자인이다. 만들어놓고 보니 마치 만화영화 주인공 아톰의 머리 모양이 연상돼서 이름도 아톰으로 명명했다. 작지만 힘이 센 아톰의 이미지까지 빌려 왔음은 물론이다.

원통형 인클로저의 사운드를 테스트하기 위해 시험 삼아 만들어 봤던 작은 풀레인지 스피커도 빼놓을 수 없었다. 원통 하나로만 이뤄진 심플한 디자인이었지만 은색의 유닛과 월넛 다리가 어우러져 강렬한 인상을 준다. 개인적으로는 쿠르베를 세상에 선보이는 과정에서 가장 먼저 만든 작품이라 애착이 더 가는 모델이다. '쿠르베 미니(Courbé Mini)'야말로 가장 작은 쿠르베지만 모든 쿠르베의 어머니라고 할 수 있다.

이렇게 해서 '쿠르베 주니어', '쿠르베 엘르', '쿠르베 스노우맨', '쿠르베 듀', '쿠르베 아톰', '쿠르베 미니'에 이르기까지 여섯 개의 형제 모델이 속속 세상에 선을 보였다. 쿠르베가 대표 모델인 3웨이까지 포함해 모두 일곱 가지의 제품 라인업을 가진 명실상부한 스피커 브랜드가 된 것이다. 한 제품의 디자인을 시작해서 완성품이 나오기까지 보통 2, 3주밖에 걸리지 않았다. 금형金型을 만들지 않고 모든 것을 손으로 제작하는, 이른바 다품종 소량 생산 방식 덕분이다. 나무를 일일이 손으로 다듬고 붙여서 만들기 때문에 한 세트의 스피커를 만드는 데 2, 3주가 걸리지만 대신 신제품을 개발할 때도 2, 3주면 되는 것이다. 만들어보고 결과물이 맘에 안 들면 수정하기도 쉽다. 고객의 요구에 맞춰 색깔이나 크기를 조금씩 바꾸는 것도 가능하다. 모든 것이 수작업이기 때문에 가능한 일이다.

기자 박성제, 어쩌다 보니

디자이너 박성제

그러던 어느 날, 공방에서 작업을 하고 있는데 전화벨이 울렸다. 젊은 여자의 목소리였다.

"저, 디자이너 박 선생님 아니신가요?"

"네? 디자이너요? 전화 잘못 거신 것 같은데요."

"디자인하시는 박성제 선생님 전화 아닌가요?"

나를 찾는 전화가 맞다. 나를 디자이너라고 생각할 수도 있겠구나.

"박성제 맞습니다만, 저는 디자이너는 아닙니다. 그냥 스피커 만드는 사람이죠."

여자는 그래도 나를 디자이너라고 우겼다.

"쿠르베 스피커를 직접 디자인하셨다고 들었는데 그럼 디자이너 맞잖아요. 인터넷에서 사진을 봤는데 굉장히 예술적인 디자인이던데요. 저는 아리랑TV의 〈아트 애비뉴〉라는 프로그램의 작가입니다."

아리랑TV는 전 세계를 대상으로 우리나라를 알리는 채널이다. 수십 개 나라에서 위성이나 케이블TV로 방송된다. 〈아트 애비뉴〉는 그중에서도 한국의 예술과 문화를 소개하는 주간 프로그램이라고 했다. 쿠르베 스피커를 취재해서 방송하고 싶다는 얘기였다. 반가운 제안이었다. 비록 많은 이들이 시청하는 채널은 아니지만 전 세계인에게 쿠르베를 알릴 수 있는 좋은 기회가 아닌가. 하지만 내가 디자이너로 소개되는 건 쑥스러운 일이었다. 사실과도 맞지 않았다. 나는 작가에게 당부했다.

"저는 사실 MBC에서 기자 생활 하던 사람입니다. 우여곡절 끝에 스피커를 만들게 됐지만 방송에 디자이너라고 소개하면 안 될 것 같습니다."

"그렇군요. MBC에 계셨는 줄은 몰랐어요. 그런데 방송기자가 어떻게 그런 디자인을 할 수 있죠? 따로 디자인 공부를 하셨나요?"

"전혀 배운 적 없습니다. 그냥 어쩌다 보니 그렇게 됐어요."

'어쩌다 보니'라는 말에 작가는 이해가 안 간다며 웃었다. 하지만 '어쩌다 보니'라는 말처럼 지난 몇 년간의 내 삶의 궤적을 정확히 표현하는 단어는 없다. 어쩌다 보니 노조위원장을 떠맡게 되고, 어쩌다 보니 해고당하고, 어쩌다 보니 목공을 하게 되고, 어쩌다 보니 스피커를 만들게 된 것 아닌가.

나는 디자이너가 아니라고 그렇게 강조했는데도, 며칠 후 공방을 찾아온 아리랑TV 제작진은 여전히 나를 디자이너로 대접했다. 그리고 2주 뒤, 한국의 스피커 디자이너 박성제를 다른 예술가들과 함께 소개하는 〈아트 애비뉴〉가 전 세계에 방송됐다. 그리고 놀랍게도 방송을 보고 쿠르베를 구입하고 싶다는 외국인들의 메일이 세 통이나 날아왔다. 아쉽게도 나는 외국인들의 구입 요청을 정중히 거절할 수밖에 없었다. 수출을 하려면 스피커를 안전하게 배송할 수 있도록 포장 시스템을 개발해야 하는데 당시의 나에겐 그럴 만한 여력이 없었기 때문이다.

대학생들이 메일로 연락을 해오거나 공방을 방문하기 시작한 것도 그 무렵이다. 대부분 미술대학에서 디자인을 전공하는 학생들이었다. 그들 중 일부는 산업디자인학과 4년생들이었다. 졸업을 앞두고 창업에 도전해야 할지 아니면 그냥 취업을 해야 할지 고민이 많앉는데 우연히 쿠르베의 사진을 보고 감탄해서 무작정 찾아왔다고 했다. 쿠르베를 어떻게 디자인하게 됐는지, 그 디자인대로 실제 제품으로 구현된 쿠르베가 어떤 소리를 내는지 궁금했다는 얘기였다. 나는 그들에게 쿠르베의 초기 스케치 그림들을 보여주고 인클로저가 제작되는 과정도 하나하나 설명했다. 그러고는 청음실에 데려가 음악을 들려줬다. 음악을 듣던 대학생 한 명이 내게 말했다.

"사장님 밑에서 몇 달만 인턴으로 일하면서 디자인을 배우고 싶습니다."

이게 무슨 소리야? 미대생이 내게 디자인을 배우겠다니.

"학생, 난 디자이너가 아니에요. 디자인을 가르칠 능력도 안 되고."

"상관없습니다. 그냥 옆에서 어떻게 디자인하시는지 지켜보게만 해주세요. 공방 일손도 부족할 텐데 제가 도와드리면 되잖아요. 월급은 안 주셔도 돼요."

끝내 내가 거절하자 그 학생은 서운한 얼굴로 돌아갔다. 그렇게 나는 '어쩌다 보니' 디자이너가 되어가고 있었다.

나를 위로하지 마,
내가 위로할게

가을이 지날 무렵, 쿠르베는 조금씩 자리를 잡아가는 듯했다. 입소문을 타고 공방을 찾는 이들이 꾸준히 늘고 있었다. 주문도 제법 받게 됐다. 그렇다고 수익이 많이 늘어난 건 아니었다. 워낙 재료비와 공임이 많이 들어가는데다 애당초 소비자가격을 책정할 때부터 이윤을 적게 붙였기 때문이다. 더구나 얼마 안 되는 수익은 새 모델을 제작하는 데 몽땅 써버리다시피 해서 아내에게 가져다주는 돈은 거의 없었다. 친구들이 사업 잘되냐고 물으면 나는 언제나 그냥 빙긋이 웃으며 그냥 그럭저럭 적자는 면할 정도라고 대답하곤 했다. 적자는 면하는 것. 그걸로 족했다. 이제 막 사업을 시작한 놈이 이 정도로 버티는 게 어딘가. 스스로가 대견스러울 정도였다. 딱 이 정도 규모가 좋은 것 같았다. 한 달에 스피커 한두 대씩 만들면서 너무 바쁘지도 않고 너무 한가하지도 않게 적당히 지내면 되는 것 아닌가. 이 정도면 복직할 때까지 맘 편하게 버틸 수 있을 것 같기도 했다.

해고자 여섯 명의 복직을 위한 민사소송도 차근차근 일정대로 진행되고 있었다. 변호사는 연말이나 내년 초쯤 1심 판결이 내려질 거라고 예상했다. 나는 반드시 이길 거라고 확신했다. 질 수가 없는 재판이다. 하지만 회사는 분명 항소할 것이다. 결국 대법원까지 가야 결판이 난다. 그렇다면 실제로 내가 복직하는 건 이번 정권이 끝날 때나 되지 않을까. 그때까지 버티려면 스피커 사업을 열심히 할 수밖에 없는 처지였다.

반면 MBC의 상황은 갈수록 악화되고 있었다. 김재철의 뒤를 이은 김종국 사장은 노조와 대화할 생각이 전혀 없는 인물이었다. 김재철 사장 때 회사 요직을 차지했던 간부들이 거의 그대로 주요 보직에 남아 뉴스와 시사 프로그램을 좌지우지하고 있었다. 국정원 댓글 수사, 박근혜 정부의 인사 난맥상 등 정권에 불리한 뉴스는 철저히 축소되고, 날씨 소식, 동물 이야기 같은 연성 뉴스가 메인 뉴스를 채웠다. 불공정 보도를 지시하는 간부에게 반발하거나 항의하는 기자들은 여지없이 징계를 받고 취재 부서에서 쫓겨났다.

가끔씩 후배들이 내가 어떻게 지내는지 궁금해서 공방을 찾아오는 일이 있었다. 그럴 때면 으레 술자리로 이어지곤 했다. 그날도 후배들과 양재동 호프집을 찾았는데, 소맥 폭탄주를 연거푸 들이켜던 후배 한 녀석이 내게 말했다.

"박 선배, 솔직히 하고 싶은 말이 있는데…… 화 안 내실 거죠?"

"뭔 얘긴데 그래? 걱정 말고 해봐."

"저는 선배가 하는 스피커 사업이 잘 안 됐으면 좋겠어요. 아니, 망했으면 좋겠어요."

"그게 무슨 소리야. 아까는 스피커 멋있다고 칭찬하더니."

"사업 잘되면 선배가 MBC에 안 돌아올지도 모르잖아요."

눈시울이 뜨거워졌다.

"야, 인마, 내가 왜 안 돌아가. 복직 소송 이기면 무조건 돌아갈 거야."

"소송 끝나려면 몇 년 걸린다면서요. 지금 MBC는 완전히 거지 같거든요. 어떤 땐 해고된 선배들이 차라리 부러울 때도 있어요. 회사 안 나오니까 더러운 꼴 안 보잖아요."

나는 눈물을 참으며 짐짓 호통을 쳤다.

"약한 소리 하지 마라. 힘들더라도 버텨야지. 버티다 보면 다시 좋은 날이 올 거야."

술에 취한 후배들을 택시에 태워 보내고 집으로 터덜터덜 걸어서 돌아오는 길. 오만가지 생각이 다 떠올랐다. 얼마나 스트레스가 많으면, 얼마나 힘들면 해고된 선배가 부럽다고 할까. 만약 내가 복직한다 해도 다시 후배들과 함께 공정 보도를 위해 싸울 수 있을까?

쉽지 않을 것이다. 무려 1백70일 동안 모든 것을 걸고 싸웠는데 결국 철저히 배신당하고 짓밟히지 않았는가. 복직하면 쿠르베는 또 어떻게 해야 하나. 사업이 안 되면 접으면 그만이지. 그런데 혹시 잘되면? 대한민국 최고의 스피커를 만들겠다는 내 꿈을 버릴 수는 없지. 해고되기 전까지는 MBC가 나의 전부였지만 이제 쿠르베도 절대 버릴 수 없는 내 삶이다. 둘 다 놓치고 싶지 않다. 나는 그날 밤 잠을 이룰 수가 없었다.

국정감사가 한창이던 10월 말, 국회의 미래창조과학방송통신위원회(이하 '미방위')에서 연락이 왔다. 여야가 합의해서 '이명박 정권 때 해직된 언론인의 복직을 위한 특별법' 제정을 위한 공청회를 열기로 했는데 참고인으로 출석해줄 수 있느냐는 요청이었다. 잠시 망설였다. 해직 기자들을 빨갱이로 여기는 새누리당이 과연 그런 법에 찬성해줄까? 어림도 없는 일이다. 그래도 내가 해직 언론인의 아픔을 증언해서 한 줌의 희망이라도 생길 수 있다면? 밑져야 본전 아닌가. 나는 국회에 나가겠다고 대답했다.

공청회 당일, 결국 나는 한 줌은커녕 좁쌀만큼의 희망도 없다는 것을 다시금 확인해야 했다. 새누리당 의원들은 입을 모아 해직 언론인 복직은 노사 문제이므로 정치권이 개입해서는 안 된다는 말만 되풀이해댔다. 심지어 새누리당 측 참고인들은 내가 눈앞에 버젓이 앉아 있는데도 해직 기자들이 좌파 언론인이기 때문에 복직시켜서는 안 된다는 터무니없는 주장을 늘어놓았다. 나는 그들의 의견에 조목조목 반박하고 싶었지만 발언 기회조차 제대로 얻을 수 없었다. 국회에서 돌아온 나는 사언절구 시 한 편을 페이스북에 올렸다.

어느 국정감사 참고인의 노래

국정감사 참고인좀 나와달라 청하길래
갈까말까 고민하다 그래한번 나가볼까
당당하게 국회에서 해직설움 토로하면
여야의원 느낀바가 전혀없진 않겠는가
기대품고 국회가서 대기실에 앉았겠다

두어시간 기다리다 국감장에 들라해서
옳다구나 이제한번 내목소리 내야겠다
두근두근 뛰는가슴 진정하며 들어서니
참고인은 본척만척 꿔다놓은 보릿자루
발저리고 허리시큰 다섯시간 멍때리다

적선하듯 발언기회 시간제한 1분씩만
이럴려면 왜불렀냐 참고인이 졸로뵈냐

차비조로 준7만원 안받는다 이넘들아
쐬주한잔 찌끄리고 터덜터덜 돌아왔네
내다시는 국정감사 할애비도 안나간다

지하철 행상에게
위로받은 남자의 말

스피커 부품 몇 가지를 구입하기 위해 지하철 2호선을 타고 시내 나들이에 나선 길이었다. 지하철 문이 열리고 큼직한 가방을 든 남자가 올라탔다. 쭈뼛거리면서 잠시 사람들의 눈치를 살피더니 이윽고 가방을 열고 주섬주섬 물건을 꺼내 들었다. 울긋불긋한 무늬가 찍힌 싸구려 앞치마였다. 그는 조심스레 말을 하기 시작했다.

"승객 여러분께 오늘 특별한 상품 하나를 소개해드리려고 이 자리에 섰습니다. 이 앞치마는 작년에 특허를 받은 신기술이 적용된 제품입니다. 지금 가정에서 부인들이 쓰는 앞치마는 어떻습니까? 조금만 사용하면 물에 젖고 기름이 묻어서 금방 더러워지지 않습니까? 하지만 이 앞치마는 특수 소재로 만들어 물에 젖지도 않고 기름이 묻지도 않습니다. 그러면서도 촉감이 부드러워서……"

신기술로 만든 거라 한 장에 만 원을 받아야 하지만 오늘만 특별히 5천 원에 판다고 했다. 외워 온 멘트를 또박또박 말하는 남자를 바라보면서 왠지 흥미가 일었다. 저 사람은 분명 초보다. 말을 더 듣지는 않지만 경험 많은 행상인 특유의 운율이랄까, 멘트에 노련한 맛이 전혀 없었다. 40대 중후반쯤 됐을까? 나이는 내 또래로 보였다. 넥타이는 매지 않았지만 말쑥한 회색 양복에 잘 닦인 구두, 깔끔하게 가르마 타서 빗어 넘긴 머리. 지하철에서 5천 원짜리 앞치마를 파는 행상인과는 어울리지 않는 차림새가 나의 심증을 굳혀주었다. 지난주까지 어엿한 큰 회사에 다니던 부장님이었을지도 몰라. 회사가 망했을까, 아니면 정리 해고를 당한 걸까. 낮에는 저렇게 지하철에서 물건을 팔다가 저녁이 되면 대리운전을 뛰겠지. 새삼 동병상련의 심정이 생겨나서 도와주고 싶었다. 나는 지갑을 꺼내 들고 그 남자에게 외쳤다.

"아저씨, 저 두 장만 주세요."

반가운 얼굴로 내게 달려와서 앞치마를 건네며 두 번이나 고맙다고 말한다.

"감사합니다, 감사합니다."

그런데 만 원짜리 지폐를 받아 들고 돌아서던 남자가 다시 내 얼굴을 보더니 물었다.

"저, 혹시 MBC 기자분 아니신가요?"

급작스러운 질문에 오히려 내가 말문이 막혔다.

"네?…… 마, 맞는데요."

자신의 짐작이 들어맞았다고 생각한 남자의 얼굴이 일순 환해졌다가 다시 굳어졌다.

"인터넷에서 봤습니다. 김재철 사장에게 해고당한 기자 맞죠? 용기 잃지 말고 힘내십시오! 응원하겠습니다."

그는 두 손으로 내 손을 꽉 움켜쥐고 고개를 꾸벅 숙이더니 다음 칸으로 사라졌다.

나는 충격에 빠져 어안이 벙벙해졌다. 용기 잃지 말고 힘내라니. 저 양반이 나보다 몇 배는 더 힘들 텐데. 나는 그래도 노조에서 생활비도 받고 나름대로 사업까지 하고 있지 않은가. 직장을 잃고 처자식 생각에 지하철 행상에 뛰어든 이가 나를 위로하고 응원한다. 그의 따뜻한 마음이 힘주어 잡아준 내 손에 온기로 남았다.

며칠 뒤 주말, 나는 다른 해고자들과 함께 남산에서 열린 노조 행사에 참여했다. 노조가 해고된 조합원들을 위로하고 조합의 단합을 도모하기 위한 행사였다. 백여 명이나 되는 후배들이 모여 해고자들과 함께 남산을 걸어 올랐다. 팔각정 앞에서 진행자가 해고자들에게 한마디씩 하라면서 마이크를 넘겼다. 무슨 말을 해야 하나 고민하는데 갑자기 며칠 전 지하철에서 만났던 이가 떠올랐다. 후배들에게 그가 내게 던지고 간 말을 들려준 뒤 이렇게 얘기했다.

"오늘 이 자리는 여러분이 해고된 저를 위로하기 위해 마련한 자리입니다. 하지만 저는 오히려 여러분을 위로하고 싶습니다. 저는 그럭저럭 잘 지내고 있습니다. 이제 기자가 아니라 시청자가 됐거든요. 형편없는 MBC 뉴스 보면서 혀만 끌끌 차면 됩니다. 하지만 여러분은 MBC 안에서 망가져가는 조직의 고통을 감내해야 하고, 권력에 굴종하는 더러운 세력과 싸우고, 그러다 징계까지 받으면서 버텨내야 합니다. 후배 여러분이 저보다 훨씬 더 어렵고 힘든 상황이라는 것 잘 알고 있습니다. 지하철에서 만난 그분이 제게 했던 말, 그대로 제가 여러분께 돌려드리겠습니다. 저를 위로하지 마세요. 제가 위로하겠습니다. 여러분 힘내십시오, 늘 응원하겠습니다."

행사를 마치고 돌아가던 길에 한 후배가 다가와서 내 손을 잡았다.

"박 선배, 아까 연설 정말 감동적이었어요. 눈물 날 뻔했다니까요. 힘낼게요."

고마워, 여보.
그리고 사랑해

2013년이 저물고 어느덧 한겨울로 접어들고 있었다. 쿠르베가 세상에 선을 보인 지 열 달이 넘었다. 모델의 다양화 덕분에 쿠르베를 찾아 공방을 방문하는 고객들의 발길도 꾸준히 이어졌다. 내게는 쿠르베의 탄생부터 사업이 자리를 잡기까지 음으로 양으로 도와준 DP 회원들과 가끔씩 맥주를 마시며 사업 얘기를 하는 게 큰 낙이었다. 그중에서도 내가 기술고문으로 모시는 K박사, 로고와 브로슈어 디자인을 해준 클랩튼 님, 그리고 다양한 아이디어로 나를 도와준 또 한 명의 DP 회원 '가이버' 님은 내가 쿠르베와 관련해 모든 문제를 털어놓고 의논할 수 있는 이들이었다. 그날도 네 명이 호프집에 모여 생맥주에 치킨을 뜯다가 문득 내가 물었다.

"화가나 사진작가 들은 가끔씩 자기 작품을 갤러리에 진열하고 전시회를 하잖아요. 쿠르베도 전시회 같은 거 하면 어떨까요?"

괜찮은 아이디어라는 반응들이었다.

"좋은 생각이에요. 쿠르베의 중요한 홍보 콘셉트는 예술적인 디자인이니까 예술 작품처럼 전시회를 열면 사람들이 많이 올 것 같은데요."

"모델도 많아졌으니까 적당한 전시 공간만 찾으면 잘될 것 같아요."

문제는 역시 비용이었다. K박사가 걱정했다.

"스피커들을 전시하고 한쪽에서 음악도 들려주려면 한 50평은 넘어야 할 텐데, 시내에서 그 정도 규모의 갤러리를 빌리려면 돈이 많이 들걸요."

광고 회사를 다니는 클랩튼 님이 답을 제시했다.

"나랑 예전 회사에서 같이 일하던 포토그래퍼가 있는데요, 그 양반이 독립해서 얼마 전 한남동에 꽤 괜찮은 갤러리를 차렸거든요. 내가 부탁하면 잘해줄 거예요."

망설일 이유가 없었다. 나는 밀어붙이기로 결정했다.

"오케이! 한남동, 딱 좋다. 내일 당장 가봅시다."

사람들이 웃었다.

"정말 한니발 님 성질 급한 건 못 말린다니까."

광고 사진 전문가인 갤러리 대표가 촬영한 '쿠르베 패밀리'. 갤러리 내부에서 구도와 조명만으로 만들어낸 작품이다. 이 사진들을 보면서 역시 프로는 다르다는 점을 다시 깨달았다.

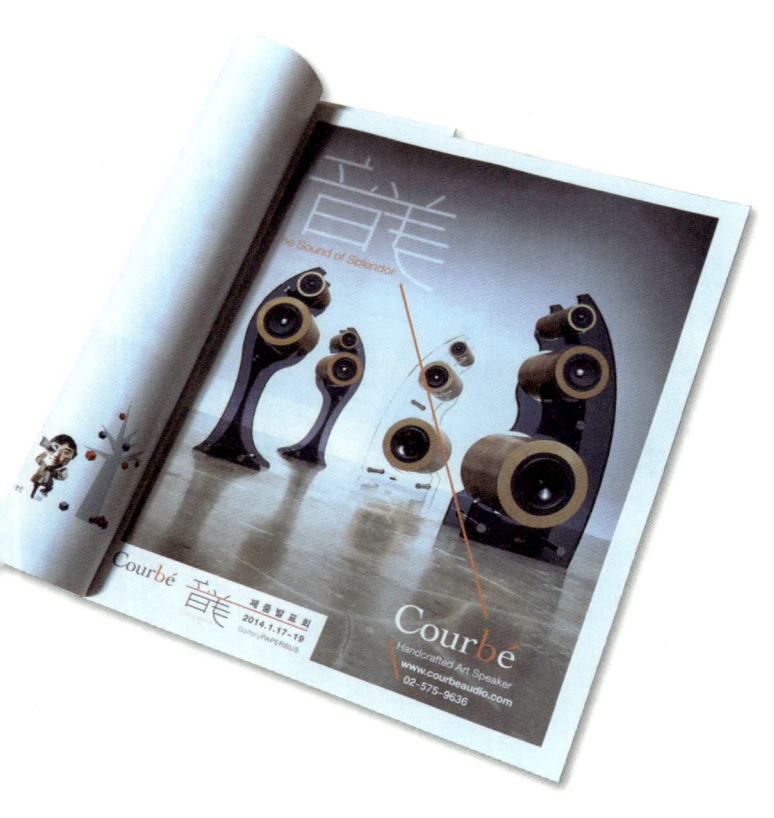

영화 주간지 〈씨네21〉에 실린 쿠르베의 첫 인쇄 광고. '음美'라는 카피는 광고 회사 출신 친구가 제안해줬고 이를 클랩튼 님이 세련된 디자인으로 완성시켰다. 영화 잡지에 스피커 광고를 싣는 게 괜찮은 전략이었는지에 대해서는 나중에도 의견이 분분했다.

다음날 나는 클랩튼 님과 함께 한남동 갤러리를 찾아갔다. 갤러리는 생각했던 것보다 더 넓고 멋진 곳이었다. 사진작가인 갤러리 대표는 쿠르베의 디자인에 큰 흥미를 보이면서 홍보용 사진까지 찍어주겠다고 했다.

광고 사진 전문 포토그래퍼가 찍은 사진은 역시 작품이었다. 포토숍 보정을 하지 않았는데도 쿠르베 패밀리를 이렇게 저렇게 배치한 구도의 힘만으로 멋진 사진들이 나왔다. 사진을 보자 욕심이 생겼다. 이 사진으로 광고를 만들면 어떨까. 화가나 연주가들도 발표회를 앞두고 전문지에 광고를 내지 않는가. 적당한 잡지를 골라 쿠르베의 광고를 내면 제품 홍보와 발표회 홍보를 동시에 잡을 수 있을 것 같았다. 그야말로 일석이조였다. 어떤 잡지가 좋을까. 오디오 전문 잡지에 광고를 내는 건 내키지 않았다. 쿠르베는 오디오 마니아들보다 일반 음악 애호가들에게 더 어필하는 스피커였기 때문이다. 발행 부수가 많은 잡지에 광고를 실어서 최대한 많은 독자들이 쿠르베를 접하게 해주고 싶었다. 결국 내가 고른 것은 영화 잡지인 〈씨네21〉이었다. 이유는 간단했다. 영화를 좋아하는 사람들이라면 음악도 좋아할 확률이 높고, 그중에는 스피커에도 관심 있는 사람이 많이 있지 않을까? 나는 광고 회사에서 카피라이터를 하다가 지금은 대학에서 광고학을 가르치고 있는 대학 친구에게 사진을 보여주고 멋진 카피를 만들어달라고 부탁했다. 물론 공짜로. 친구는 이틀 정도 고민하더니 한자인 '音(음)'과 '美(미)'를 사용해서 간결한 카피를 만들어보면 어떻겠느냐고 제안해왔다. '소리가 아름답다'는 뜻과 함께 스피커의 디자인과 소리를 '음미'한다는 중의가 담긴 카피라고 설명했다. 맘에 쏙 들었다. 그렇게 해서 제품 발표회를 2주 앞두고, 〈씨네21〉에 쿠르베의 첫 광고가 실렸다.

"성공 못 해도 좋으니까 일 좀 크게 벌이지 마"

2014년 1월 17일. 서울 남부지방법원은 MBC 파업으로 해고된 언론인 여섯 명의 해고가 부당하므로 즉각 복직시키라는 판결을 내렸다. 재판부는 또한 2012년의 1백70일 파업은 공정 보도라는 언론의 사명을 지키기 위한 정당한 파업이었다고 명시했다. 노조와 해고자들의 손을 확실하게 들어준 명쾌한 판결이었다. 물론 회사는 즉각 항소하겠다고 발표했다. 대법원 판결까지 받아내려면 몇 년이 걸릴지 모른다. 그러나 일단 우리는 명예를 회복했다. 김재철 사장과 간부들이 우리를 좌파로 몰아세우고 회사에서 내쫓았지만, 법원은 우리가 언론의 자유를 위해 정당한 투쟁을 벌였다는 점을 명확히 인정한 것이다.

　1월 17일은 사흘간의 쿠르베 제품 발표회가 시작되는 날이기도 했다. 나와 함께 갤러리에서 손님을 맞던 아내는 판결 소식을 전해

듣고 화장실로 뛰어갔다. 잠시 후 나온 아내의 눈이 퉁퉁 부어 있었다. 나는 아내를 다독거리며 말했다.

"울긴 왜 울어, 바보같이. 내가 이길 거라고 말했잖아."

아내는 내가 명예 회복을 해서 기쁘다고 했다. 남편이 불법 파업을 벌이다 쫓겨난 '좌파 기자'가 아니라 마땅히 해야 할 일을 하다가 억울하게 고초를 겪은 '진짜 언론인'이라는 게 증명돼서 좋다고 했다. 나는 아내에게 멋있어 보이려고 한마디 더 했다.

"다 당신 덕분이야. 지금부터는 사업가로도 성공하는 남편이 될 거야."

아내는 정색하며 말했다.

"성공 못 해도 좋으니까 일 좀 크게 벌이지 마."

제품 발표회는 생각했던 것보다 훨씬 성공적이었다. 금, 토, 일, 사흘 동안 4백 명이나 되는 손님이 찾아와 쿠르베를 감상하고 돌아갔다. 물론 그중 절반은 나와 아내의 지인들이었지만 광고나 인터넷을 보고 찾아온 일반인도 많았다. 이구동성으로 쿠르베의 디자인과 소리를 칭찬했다. 그러고는 물었다.

"제일 큰 쿠르베가 역시 소리도 제일 좋은 것 같네요. 가격이 어떻게 되나요?"

내가 모델별로 가격을 말해주면 대부분이 당황하면서 이렇게 말하곤 했다.

"음…… 잘 알겠습니다. 사업 대박 나시길 바랍니다."

아무리 마음에 든다고 기백만 원짜리 스피커를 그 자리에서 척척 주문할 사람이 몇이나 되겠는가. 4백 명이나 되는 사람들에게 내 작품을 홍보하고 좋은 평가를 받았으니 그것만으로도 나는 만족했다. 쿠르베를 알리는 게 우선이다. 발표회의 효과는 서서히 나타날 것이다.

제품 발표회를 무사히 마치자 이제 그럴듯한 청음실 겸 사무실을 마련해야겠다는 생각이 들었다. 당연히 돈이 드는 일이었다. 우선 아내에게 허락을 받아야 했다.

"여보, 공방 근처에 청음실을 만들고 싶은데, 허락해줄 거지?"

아내가 도끼눈을 뜨며 말했다.

"내가 일 벌이지 말랬지? 청음실 꾸미려면 임대료가 만만치 않을 거 아냐. 제품 발표회다 잡지 광고다 해서 당신 돈도 많이 썼잖아. 그냥 지금까지 하던 대로 공방에서 하면 안 돼?"

내가 예상했던 반응이었다. 나는 청음실의 필요성에 대해 미리 준비해놓은 멘트를 속사포처럼 쏟아냈다.

"공방 휴게실은 번잡해서 손님이 찾아와도 제대로 청음을 할 수도 없단 말이야. 또 너무 좁아. 대여섯 평밖에 안 돼서 소리가 벙벙 울리거든. 쿠르베의 실력을 제대로 발휘할 수가 없다고. 게다가 먼지도 많이 날려서 스피커에 안 좋아. 그리고 일하다가 편안히 앉아서 쉴 공간이 있어야지. 스피커 만드는 게 얼마나 힘든지 알아? 한번 작업 시작하면 몇 시간씩 서 있어야 하는데 이러다가 허리 디스크 걸릴 지경이라고. 당신 말이야, 남편 몸보다 돈이 더 중요하다는 건 아니겠지? 양재동은 임대료도 싸니까 월세 몇십만 원짜리 사무실로 골라볼게. 제발 허락해주라."

아내는 어이없어하며 말했다.

"아, 몰라. 당신이 알아서 해."

당신이 알아서 해. 정확히 내가 예상하고 기다리고 있던 답변이었다. 결혼한 뒤로 내가 새 오디오나 카메라 같은 걸 사겠다고 졸라대면 아내는 처음엔 도끼눈을 뜨고 말리다가 결국 "당신이 알아서 해"하며 포기하곤 했다. 그러면 나는 늘 이렇게 말했다.

"고마워, 여보. 그리고 사랑해."

그로부터 2주 뒤, 나는 공방 부근의 건물 3층에 12평짜리 쿠르베 전용 청음실을 마련할 수 있었다. 강남의 하이엔드 오디오 가게처럼 고급스럽게 인테리어를 꾸미는 건 애당초 포기했다. 가정집 거실에서 음악을 듣는 느낌으로 인테리어를 하면 비용이 적게 들 것 같았다. 흡음을 위해 수백만 원짜리 방음 전문 벽재를 시공하는 대신 K박사의 조언에 따라 종이 계란판을 붙이고 그 위에 커튼을 달았다. 조명과 카펫은 을지로 도매 상가에 가서 직접 고르고, 가구와 집기도 사당동 중고 매장에서 한꺼번에 실어 날랐다. 전문 인테리어 업체에 맡기면 2~3천만 원은 들었을 거다. 하지만 모든 것을 혼자 땀 뻘뻘

한남동 갤러리에서 사흘간 진행된 쿠르베 제품 발표회.
한쪽에는 쿠르베의 다양한 모델들을 전시하고 다른 쪽에는 청음 공간을 만들어 쿠르베의 사운드를 체험할 수 있도록 세팅했다. 몇몇 언론사 동료들이 적극적으로 기사를 실어주어 4백여 명의 손님이 방문하는 성황을 이뤘다.

흘리면서 작업해보니 그 10분의 1 비용으로 그럭저럭 해결할 수 있었다. 공방 직원들이 틈나는 대로 작업을 도와준 것도 큰 힘이 됐다. 완성해놓고 보니 제법 괜찮았다. 일 벌이지 말라며 반대했던 아내도 편안하고 아늑한 거실 분위기가 난다면서 칭찬해줬다.

새 청음실에서 룰루랄라 음악을 들으며 스피커 네트워크 회로를 만들고 있는데 휴대폰이 울렸다. 화면에 뜬 반가운 이름은 YTN 해직 기자 노종면 전 위원장이었다. 지금은 〈국민TV〉 방송본부장이 돼서 개국을 준비하고 있다고 들었는데 웬일일까. 작년 여름 YTN 해직 동료들이 언론 자유의 회복을 위한 국토 종주를 할 때 응원하러 하루 동안 함께 뙤약볕 속을 걸은 적이 있다. 그때 쿠르베에 관심을 보이던 노종면 기자에게 고객을 소개해주면 작은 것 한 대 선물하겠다고 농담을 건넨 기억이 났다.

"오랜만입니다. 웬일로 자영업자에게 전화를 다 주시나."

"부탁이 하나 있어서요."

"무슨 부탁인데요? 무조건 들어드려야죠."

"다음 달에 〈국민TV〉 뉴스가 시작되는데요. 지금 스튜디오 공사를 하고 있거든요. 혹시 부조정실용 모니터 스피커로 쿠르베를 구입할 수 있을까요? 해직 언론인이 만든 스피커가 스튜디오에 놓이면 좋을 것 같아서 말입니다."

"오, 괜찮은 생각입니다. '쿠르베 듀'라고, 딱 맞는 모델이 있어요."

나는 즉시 스마트폰으로 '쿠르베 듀'의 사진을 전송했다.

양재동 공방 건물 3층 사무실에 마련한 쿠르베 청음실.(위)
비용을 절약하기 위해 화려한 인테리어는 포기하고 커튼과 카펫을 활용해 최대한 가정집 거실 분위기로 꾸몄다. 집기와 가구도 저렴한 중고 가구로 골랐다.

〈국민TV〉 스튜디오 부조정실에 모니터용으로 놓인 '쿠르베 듀'.(아래)

"야, 이건 딱 촛불인데요, 촛불. '듀'가 아니라 '캔들'이라고 해야 겠어요. 아주 맘에 듭니다."

인간의 경험은 사물을 보는 시선에까지 영향을 미친다. 해고된 뒤 공방에 파묻혀 있던 나는 물방울을 생각하면서 디자인했는데, 치열한 보도 현장을 떠나지 않았던 그는 촛불을 떠올렸다. 그러고 보니 촛불 같기도 했다. 그가 덧붙였다.

"〈국민TV〉가 시민 성금으로 운영되는 거 알죠? 돈 아껴야 되니까 싸게 주셔야 돼요."

"당연하죠. 개국 선물로 그냥 드려야 마땅하지만 저도 목구멍이 포도청이니 노 마진으로 원가에 만들어드릴게요."

이렇게 해서 〈국민TV〉 뉴스 부조정실에는 '쿠르베 듀', 아니 '쿠르베 촛불'이 놓였다. 〈뉴스타파〉 스튜디오에도 내 스피커가 놓여 있으니 쿠르베는 명실상부한 국민 스피커가 된 셈이었다. 절로 으쓱해졌다.

사장끼리
차나 한잔 합시다

오랜만에 MBC 선후배들이 점심이나 하자며 여의도로 나를 불렀다. 식사를 하면서 얘기를 들어보니 새로운 사장이 누가 되느냐를 놓고 설왕설래가 한창이란다. 현 김종국 사장은 김재철 전 사장의 잔여 임기만 부여받았기 때문에 2월 말에 방문진이 다시 사장을 선임해야 하는 것이다. 당연히 김종국 사장은 연임을 노리고 있었고, 안광한 전 부사장과 이진숙 전 기획조정본부장도 강력한 후보로 부상하고 있다는 얘기였다. 거론되는 이름들을 보니 밥맛이 뚝 떨어졌다. 청와대가 누구를 낙점하더라도 바뀔 것은 없었다.

식사를 마치고 나오는데 건물 앞에서 낯익은 얼굴과 마주쳤다. 김종국 사장이었다. 순간 그래도 선배인데 하는 생각이 들어, 주저하지 않고 악수를 청하면서 인사를 건넸다.

"오랜만입니다. 잘 지내시죠?"

김 사장은 당황한 듯 멋쩍은 표정으로 마지못해 손을 잡는 둥 마는 둥 하더니 후다닥 에쿠스에 올라타고 떠나버렸다. 그 양반이 원래 낯가림 많은 성격인 줄도 알고 나를 노조의 배후이자 괴수(?)처럼 여기며 싫어한다는 것도 익히 얘기를 들어 알고는 있었다. 아무리 그래도 해고된 후배가 먼저 인사를 건네는데 '어떻게 지내느냐'는 말 한마디 건네기가 그렇게 어려웠을까. 도망치듯 돌아서는 뒷모습이 오히려 안쓰러웠다. 혹시 연임을 앞둔 민감한 시기에 좌파 언론인과 악수하는 걸 누가 보고 방문진에 일러바칠까 두려웠던 건 아닐까? 그날 밤 나는 페이스북에 김 사장에게 보내는 편지를 썼다.

아무튼 김종국 선배, 건투를 빕니다.

이번에도 청와대에 잘 보여서 연임에 성공하시면,

해고자 복직시키면 안 된다고 조중동 1면에 광고 내는
쓸데없는 짓거리는 이제 그만하세요.
해고자들도 회사나 정치권에 애걸할 생각 이제 없소이다.
몇 년이 걸리든 당당히 대법원 판결까지 받고 돌아갈 테니까.
나중에 밀린 월급이나 받을 수 있도록 제발 MBC 경영이나
잘하길 바랍니다. 아 참, 나도 사장 된 거 아시죠?
선배는 대통령 눈치 보는 고용 사장이지만
난 떳떳한 오너 사장이에요.
다음번에 만나면 사장끼리 차나 한잔 합시다.
내가 쏠게요.

그러나 김종국 사장은 끝내 청와대의 낙점을 받지 못했다. 김재철 사장 시절 부사장을 지냈던 안광한 씨가 MBC의 새로운 수장이 된 것이다. 안광한 사장은 부사장으로 권재홍 전 보도본부장을 임명했다. 안 사장과 사장직을 놓고 겨뤘던 이진숙 씨는 보도본부장이 됐다. 김재철의 지시를 받아 여섯 명의 후배를 회사에서 쫓아내고 수백 명에게 징계의 칼을 휘둘렀던 인사위원회의 세 멤버가 이제 MBC의 넘버 1, 2, 3이 된 것이다. MBC의 비극은 도대체 언제 끝날 것인가. 청와대가 아니라 하늘이 원망스러웠다.

권력은 그렇게 잔인하다. 김종국 사장이 그토록 청와대에 잘 보이려 노력했지만 더 충성하고 더 꼬리치는 해바라기 언론인들은 널

려 있다. 그들은 조직의 발전이나 언론의 사명 같은 건 안중에도 없다. 자신이 몸담은 언론사는 오로지 더 높은 곳으로 나아가기 위한 발판일 뿐. 그래서 자기보다 더 높은 자리에 있는 경쟁자들을 끊임없이 물어뜯고 끌어내린다. 권력은 그들의 충성 경쟁을 이용해 기반을 더 강화할 뿐. 그리고 김종국 사장은 그걸 모르고 헛된 꿈을 꾸었을 뿐이다.

그 무렵 어느 모임에서 언론학과 교수 몇 분과 얘기하다가 MBC의 상황이 화제에 올랐다. 교수님 한 분이 내게 물었다.

"안광한 씨가 사장이 됐는데, 이제 MBC는 어떻게 될까요?"

나는 대답했다.

"MBC는 지금 식민지예요. 우리나라 역사에 비유하면 지금이 1922년이나 1923년쯤 되는 것 같아요. 청와대가 보낸 낙하산 사장은 천황이 보낸 조선 총독이라고 할 수 있죠. 그러면 김재철 사장은 초대 총독이 되겠죠. 지난번 파업은 1919년의 3·1운동 같은 건데, 수많은 피를 흘리게 하고 결국 총독이 날아가긴 했지만 광복은 오지 않았죠. 그 후 김종국 총독을 짧게 거친 뒤 안광한 총독이 부임한 거죠. 아마 지금부터가 진짜 식민 통치의 시작일 거예요. 기자, PD들은 창씨개명을 강요받고, 강제 징용되거나 위안부로 끌려갈 겁니다. 진정한 헬(Hell)은 아직 시작되지도 않았어요. 앞으로 서서히 친일파가 늘어나겠죠. 더 무서운 건, 우리나라는 1945년에 일본 패망으로 해방이 됐지만 MBC 해방은 언제가 될지 아무도 모른다는 거죠."

질문이 이어졌다.

"그럼 박 기자는 만주에서 독립운동을 하고 있는 건가?"

"아뇨, 저는 유관순 누나예요. 3·1운동 때 이미 고문당하다가 죽었죠."

교수님들은 이해가 잘된다는 듯 씁쓸한 표정으로 웃었다.

해직 기자의 스피커에서
〈밀회〉 스피커로

추위가 물러가고 봄이 다가올 무렵, 나는 또 한 통의 전화를 받았다. 전화를 건 여성은 자신을 JTBC 드라마 팀의 미술 담당이라고 소개했다.

"다음 달에 김희애 씨와 유아인 씨가 주연인 새 월화 드라마가 시작되는데요, 쿠르베 스피커를 빌려주실 수 있는지 여쭤보고 싶습니다."

쿠르베를 빌려달라고? 이런 게 드라마 협찬이라는 건가? 내가 물었다.

"쿠르베를 어떻게 알고 전화하셨죠?"

"남녀 주인공이 피아니스트라 음악이 중요한 역할을 하는 드라마인데요, 김희애 씨의 연습실에 그랜드피아노와 함께 놓을 스피커

JTBC 드라마 〈밀회〉의 세트장에 놓인 쿠르베와 주인공 김희애 씨가 쿠르베로 음악을 플레이하는 장면.
피아노 음악이 중요한 역할을 하는 드라마여서 쿠르베가 여러 차례 노출되었고, 쿠르베가 명실상부한 국산 하이엔드 스피커로 알려지는 데 큰 도움을 받았다.

가 필요하거든요. 미술감독님이 최고로 예술적인 스피커를 구해 오라고 하셔서 저희가 검색을 해봤는데 쿠르베가 제일 멋지더라고요."

최고로 예술적인 스피커로 쿠르베가 선정됐다니. 거절할 이유가 없었다.

드라마의 제목은 〈밀회〉였다. 일견 40대 유부녀와 20대 청년의 파격적인 불륜 드라마처럼 보였다. 그런데 사실 주된 내용은 학원재벌가의 권력 암투와 거기에 휘말린 여주인공이 피아노 천재 청년과의 사랑을 통해 자신의 내면을 찾아가는 흔치 않은 스토리였다. 폭발적인 시청률은 아니었지만 드라마 마니아들 사이에서 〈밀회〉는 꽤 화제를 불러일으켰다. 그리고 쿠르베는 '〈밀회〉에 나온 스피커'로 불리기 시작했다. 그리고 〈밀회〉가 끝날 무렵, 또 한 편의 드라마 팀에서 협찬 섭외가 들어왔다. 〈연애 말고 결혼〉이라는 제목으로, 젊은 남녀 간의 사랑싸움을 코믹하게 다룬 이른바 트렌디드라마였다. 물론 이번에도 나는 흔쾌히 협찬을 수락했다.

쿠르베가 드라마에 출연한 게 매출에 얼마나 도움이 됐는지는 나도 정확히 알 수 없다. 다만 오디오 마니아가 아닌 일반인들에게까지 쿠르베를 홍보하는 데 드라마가 큰 역할을 한 것만은 틀림없는 것 같다. 〈밀회〉가 한창 방영되고 있을 무렵 서울의 한 호텔에서 열린 '국제오디오쇼'에 쿠르베를 출품했는데, 사흘 동안 쿠르베 부스에 1천5백여 명의 관람객이 몰리는 바람에 나도 놀랄 지경이었다. 관람객 중에는 〈밀회〉에 나온 스피커를 보러 왔다는 여성들이 의외

tvN 〈연애 말고 결혼〉 세트장에 놓인 '쿠르베 스노우맨'.
드라마가 끝난 뒤 이 스피커를 MBC 노조 사무실에 기증했다. 해직 기간 동안 생활비를 대출해줬을 뿐 아니라 복직 소송을 지원해준 노동조합에 대한 개인적인 고마움의 표시였다.

로 많았다. 덕분에 쿠르베는 국내 오디오 업계에서도 주목받는 스피커가 됐다.

6월에는 쿠르베가 양재동 청음실을 벗어나 강남 한복판의 청담동 매장으로 진출했다. 최고급 하이엔드 오디오를 판매하는 유통 업체와 쿠르베 총판 대리점 계약을 맺은 것이다. 취미로 오디오 바꿈질을 하던 해직 기자가 어찌어찌하다 만들어낸 특이한 모양의 스피커. 그랬던 쿠르베가 멋진 디자인과 고급스러운 사운드를 겸비한 진짜 하이엔드 스피커로 오디오 업계에서 인정받기 시작한 것이다.

미술 전시회를 기획하는 모 큐레이터의 연락을 받은 것도 그즈음이다. 광화문에 있는 대형 갤러리에서 '들리는 현대미술, 보이는 클래식'이라는 주제로 여름방학 동안 전시회를 한다고 했다. 미술 작품의 주제와 어울리는 클래식 음악을 들으면서 작품을 감상하도록 기획했다는데 전시회 공간에 어울릴 만한 가장 아름다운 스피커로 쿠르베를 점찍었단다. 서울 시내 한복판에서 현대미술 거장들의 작품과 함께 쿠르베가 전시된다니, 협찬을 거절할 이유가 없었다. 무엇보다 전시회를 기획한 미술 전문가들이 쿠르베의 예술적인 디자인을 높이 평가했다는 점이 마음에 들었다. 그러고 보니 나도 이제 진짜 예술가가 된 건가?

내가 김재철 사장에 의해 MBC에서 쫓겨난 지 딱 2년 만의 일이었다.

4월 말, 시내의 모 호텔에서 열린 국제오디오쇼의 쿠르베 룸.
사흘 내내 수많은 마니아들이 몰려 잠시도 쉴 틈이 없었다. 주최 측의 전언에 따르면 쿠르베 룸이 가장 인기 있는 방 중 하나였다고 한다.

청담동과 용산 전자랜드 하이엔드 오디오 매장에 전시된 쿠르베.
함께 있는 스피커와 기기들은 쿠르베 가격의 몇 배씩 되는 최고급 오디오들이다.

현대미술 전시회에서 클래식 음악을 들려주고 있는 쿠르베.
블루 컬러를 주제로 한 작품 전시회다. 쿠르베의 투명한 아크릴 스탠드가 파란색의 배경과 잘 어울려 모던한 분위기를 자아낸다.

이제는,
내가 하고 싶은 일을
한다

돌이켜 보면 지난 2년여의 내 삶은 한마디로 좌충우돌이었다. 해고 이후 분노를 달래기 위해 시작한 목공, 대선 이후 짓밟힌 복직의 희망으로 인한 좌절 속에서 만들어낸 쿠르베, 그리고 스피커 제조 회사 대표로 변신하기까지. 고비마다 나는 쉽지 않은 선택을 해야 했다. 선택의 기준은 오직 하나였다.

내가 하고 싶은 일을 한다. 결정하면 뒤돌아보지 않고 밀어붙인다. 잘 되든 못 되든 모든 결과는 내 책임이다.

내가 하고 싶은 일이어야 한다. 〈뉴스타파〉 같은 대안 언론에서 일하는 건 해직 언론인인 나에게는 명분이 있는 선택이고 내가 잘할 수 있는 일이기도 했다. 나의 능력을 인정해주는 대기업에서 일하는 것 또한 안전한 선택이다. 그러나 두 가지 선택 모두 내가 하고 싶은 일은 아니었다. 나는 즐겁게 살고 싶었다. 돈은 못 벌어도 좋았다. 스피커를 디자인하고 내 손으로 하나하나 완성해가면서 더할 나위 없는 만족을 느꼈다. 즐겁고 행복했다.

그러나 쿠르베를 세상에 내놓고 험난한 자영업의 길을 선택하는 데는 또 다른 결심이 필요했다. 만류하는 이도 적지 않았다. 우리나라의 고급 오디오 시장은 대단히 좁다. 내가 만났던 오디오 업계 사람들은 아무리 훌륭한 제품이라도 1년에 열 대 이상 팔기는 쉽지 않다고들 했다. 특히 순수 국내 기술로 개발된 스피커나 앰프가 유명 브랜드의 수입 오디오 기기와 시장에서 맞붙는 것은 달걀로 바위 치기나 마찬가지라고 했다. 한때 삼성전자 같은 대기업이 자본을 무기로 하이엔드 스피커나 앰프를 개발한 적이 있다. 오디오 업계에서 유명한 외국 전문가를 모셔다가 최고급 앰프와 스피커를 설계해 세상에 내놓았지만 몇 년 못 가 모두 포기하고 말았다. 국내 소비자들이 눈길을 주지 않았기 때문이다. 이런 까닭에 오디오에 대한 순수한 열정만으로 제품을 개발해 시장에 도전한 국내 중소기업들은 대부분 고전을 거듭하다가 빚만 지고 사업을 접는 일이 다반사다. 나도 그런 전철을 밟을 가능성이 적지 않았다.

하지만 실패가 두려워 도전을 포기하는 건 내 스스로 용납할 수 없었다. 일단 저지르고 보자. 저지르면 어때? 남는 게 시간인데. 몇억 원씩 대출을 받아서 매장을 내고 광고도 하는 공격적인 마케팅을 할 생각은 애당초 없었다. 인터넷과 SNS 위주로 돈 안 드는 홍보를 하고 주문이 들어오면 공방에서 몸으로 때워 제품을 만들면 된다. 그러다 보면 입소문도 나고 세상이 쿠르베를 알아줄 날이 오겠지. 1, 2년만 버텨보자. 해보고 안 되면 그때 가서 접으면 된다. 이런 생각이었다.

불확실한 세상을 돌파하는 힘

쿠르베의 탄생과 성장을 곁에서 지켜본 어느 지인이 내게 이런 말을 한 적이 있다.

"박 기자의 추진력은 정말 놀라워요. 만약 대기업이 쿠르베 같은 고급 스피커를 개발하기로 결정한다면 아마 제품이 세상에 출시될 때까지 1년은 걸릴 거예요. 우선 디자이너와 엔지니어들로 구성된 태스크포스 팀을 만들겠죠. 외국 제품과 시장 조사를 위해 해외 출장도 다녀와야 하죠. 콘셉트를 잡고 디자인을 하고 윗분들에게 보여 드리고 또 수정하고, 공장에 생산 라인 만들고 시제품 나오면 테스트하고 또 수정하고…… 아마 회의도 수십 번은 해야 할걸요. 그런데 박 기자는 모든 걸 혼자서 한 달 만에 해냈잖아요. 게다가 특허도 기자는 하루살이 인생이다. 그날 일은 그날 보도하고 잊어버린다. 아침에 데스크와 상의해서 취재를 나가면 오후에 회사로 돌아와 기사를 쓰고 저녁때 뉴스로 보도하면 그걸로 끝이다. 일과가 끝나면 내일은 없다. 다음날은 새로운 기삿거리를 찾아야 한다. 큰 사건이 터져 방송사 간 속보 경쟁이 벌어지면 더 급해진다. 매시간 뉴스가 있으니 속전속결로 취재해서 하루에도 몇 번씩 기사를 보내야 한다. 현장 생방송이라도 걸리면 원고도 제대로 쓰지 못하고 마이크를 잡는다. 정해진 시간이 되면 무조건 뉴스는 나가야 하기 때문이다. 이런 하루살이 생활을 거듭하면서 기자들은 성격이 급할 대로 급해지고 모든 것을 '빨리빨리' 처리하는 습성이 몸에 배게 된다.

언론사를 그만두고 다른 직종으로 옮긴 기자들은 대개 윗사람에게 '일 잘한다'는 평가를 받는다고 한다. 그도 그럴 것이 아침에 상사에게 뭔가를 지시받으면 그날 오후쯤 떡하니 보고서를 내놓기 때문이다. 업무상 파트너에게 이메일을 보내놓고 답장이 올 때까지 기다리는 것은 기자들에게는 도저히 참을 수 없는 일이다. 언론사에서 취재원에게 이메일을 보내놓고 하염없이 기다리거나 전화 통화가 안 된다고 변명하는 기자들에게는 즉시 데스크의 불호령이 떨어진다.

"가만히 앉아 있으면 기사가 나오냐? 멍하니 앉아 있지 말고 당장 뛰어나가서 만나! 만나서 무슨 말을 하는지 취재해 오란 말이야!"

매사에 이런 식으로 일하는게 몸에 배어 있으니 일반 기업에서는 윗사람의 사랑을 받을 수밖에 없을 것이다.

손수 내고 브랜드도 직접 개발하고 심지어 제품 홍보까지 혼자 다 하잖아요. 아무도 믿지 못할 겁니다."

낯 뜨거운 칭찬이었지만 나도 내가 한 일이 믿기지 않는다. 어떤 힘이 나를 여기까지 이끌어 왔는지 알 수 없다. 다만 그 추진력의 가장 중요한 원천은 쇠뿔도 단 김에 빼는 나의 성격이 아니었을까.

원래 나는 성질이 급한 편이었다. 특히 무언가를 하고 싶다는 생각이 들면 가만히 앉아 있지 못한다. 누가 어떤 음악이 좋다고 하면 당장 음반 매장으로 달려갔고, 좋다는 영화가 나오면 개봉 첫날 봐야 직성이 풀렸다. 이런 급한 성질은 MBC 기자가 되면서 더욱 증폭됐던 것 같다. 한 달 만에 쿠르베의 디자인과 개발을 끝내고 2주마다 하나씩 작은 모델을 개발할 수 있었던 것은 20년 동안 몸에 밴 기자의 속전속결 정신이 큰 역할을 했다.

그렇다고 불같은 추진력, 속전속결의 정신만으로 모든 일이 해결되지는 않는다. 가내수공업 수준의 제조업이지만 내가 알지 못하는 분야도 많았기 때문이다. 동호회에서 만난 K박사 같은 전문가의 도움이 없었다면 나는 그냥 네모나고 커다란 스피커를 적당히 만들어 거실에 들여놓고 안분자족하며 음악을 듣고 있었을 것이다. 쿠르베 로고를 디자인하고 브로슈어를 만들어준 클랩튼 님 역시 내 부족함을 채워준 고마운 전문가다. 또 쿠르베를 각종 미디어에 노출시키고 홍보하는 데는 19년의 기자 생활 동안 쌓아온 인맥이 큰 힘이 되어 줬다. 기사를 실어준 언론계 동료들, 블로그에 쿠르베를 홍보해준 지인들, 광고 카피를 만들어준 친구, 저렴한 비용으로 동호회에 배너를 걸어주고 쿠르베 게시판까지 만들어준 동호회 운영자, 그리고 내가 페이스북과 인터넷에 새 소식을 올릴 때마다 쿠르베 사진을 퍼 날라주며 내게 응원의 댓글을 달아준 수천 명의 네티즌들…… 모두가 소중한 나의 인맥이다. 무엇보다 나의 선택을 존중하고 단 한 번도 반대하지 않았을 뿐 아니라 늘 응원을 아끼지 않았던 아내가 고맙다.

원가 70퍼센트의 자존심

쿠르베로 돈을 벌 생각은 처음부터 없었다. 내가 즐거워지고 싶어서 만든 쿠르베이기 때문이다. 그저 모양도 아름답고 소리도 좋은 스피커를 합리적인 가격에 세상에 선보이고 싶었을 뿐이다. 그런데 고급 오디오 시장에서 '합리적인 가격'이 과연 가능하기나 할까.

나는 쿠르베에서 그런 거품을 걷어내고 싶었다. 쿠르베의 제작 원가가 소비자가격의 70퍼센트에 이르는 것은 그 때문이다. 사업을 하는 지인들은 원가율 70퍼센트의 제조업이 말이나 되느냐며 놀라움을 감추지 못한다. 마케팅 비용, 포장과 배송, 사무실 운영비, 나의 노동력, 그리고 이 모든 것을 제하고 남는 마지막 이윤 등을 고려하면 소비자가격이 제작 원가의 4, 5배는 돼야 한다는 것이다. 그래도 나는 원가 70퍼센트를 고수한다. 처음부터 돈을 벌 욕심으로 시작한 사업이 아니기 때문이다. 나의 목표는 디자인과 사운드가 훌륭한 하이엔드 스피커를 합리적인 가격대에 제공하는 것이었다. 물론 나머지 30퍼센트도 고스란히 이윤은 아니다. 그 30퍼센트 안에서 사무실 월세도 내고 인건비도 쓰고 홍보도 하고 새로운 제품도 개발해야 하기 때문이다. 그 때문에 사업자 등록을 하고 나서도 1년 동안 아내에게 가져다준 수입은 거의 없었다. 앞으로도 별로 없을 것 같다는 게 문제지만.

오디오 마니아들은 이른바 '현금 박치기'를 좋아한다. 몇백 몇천만 원짜리 기기를 살 때도 신용카드 대신 현금 결제를 선호하는 고객이 꽤 있다. 마니아들이 돈이 많아서 그러는 게 아니다. 스피커나 앰프를 얼마에 들여놓았는지 아내나 가족이 알게 하고 싶지 않아서일 것이다. 쿠르베의 고객들 중에도 같은 이유로 신용카드 구매를 꺼리는 사람들이 꽤 있다. 현금으로 구입하는 대신 가격을 할인해달라고 요구한다. 나는 그럴 때마다 꼬박꼬박 현금영수증을 끊어준다. 현금영수증도 굳이 사양하는 고객들도 가끔 있다. 그럴 때는 어쩔 수 없이 고객의 요청을 들어줄 수밖에 없고 그만큼 매출이 줄어드는 효과가 발생한다. 매출이 줄면 물론 부가가치세나 소득세 같은 세금을 절약할 수 있다. 나에게는 당연히 이익이다. 그래도 나는 나중에 별도로 세무서에 현금 매출을 신고한다. 내가 판매한 만큼, 당당하게 세금을 내고 싶어서다.

원가율이 70퍼센트나 되는 합리적인 가격대의 하이엔드 스피커를 정직하게 판매하고 당당하게 세금을 내는 것. 해직 언론인으로서 부끄럽지 않게 사업을 하겠다는 내 자존심이다.

적게는 수백에서 많게는 수천만 원, 심지어 억대에 이르는 하이엔드 오디오 제품들의 가격은 어떻게 책정될까. 앰프나 스피커는 다른 첨단 디지털 기기들과 달리 핵심 기술이 새로운 게 별로 없다. 전 세계의 수많은 아마추어 오디오 제작자들이 인터넷에 공개된 설계도나 회로도를 바탕으로 자작 오디오를 만들고 또 그런 오디오가 전문 브랜드 제품 못지않은 사운드를 내는 것은 그 덕분이다. 이 때문에 하이엔드 오디오 회사들은 제품의 차별화, 고급화를 위해 앰프의 케이스나 스피커 인클로저 등에 값비싼 소재를 투입한다. 복잡한 금형이나 절삭 가공으로 생산되는 첨단 소재는 제작비 상승의 주요 원인이지만, 사운드 퀄리티는 투입된 물량에 비례해 상승하지 않는다.

게다가 명품 오디오를 수입하는 업체들은 브랜드에 걸맞은 화려한 매장을 운영해야 한다. 과거에 청계천 세운상가나 용산 전자상가가 지고 강남의 압구정동이나 청담동이 새로운 하이엔드 오디오의 메카로 떠오르고 있는 것도 명품 브랜드 전략 때문이다. 전문 잡지나 인터넷을 통한 지속적인 광고 마케팅은 필수다. 여기서 다시 대리점으로 물건이 넘어가면 적지 않은 비율의 유통 마진이 붙는다. 또 명품 브랜드의 가치를 유지하기 위해 의도적으로 고가에 소비자가격을 책정했다가 일정 기간이 지나면 특별 이벤트 행사 등을 통해 할인 판매를 하는 경우도 많다. 이 모든 것이 하이엔드 오디오 가격의 거품을 만들어내는 요소들이다. 수천만 원에 판매되는 유럽산 명품 오디오의 내부를 뜯어봤더니 일본산 보급형 오디오의 회로가 거의 그대로 들어 있었다는 이야기는 오디오 마니아들 사이에서 새로울 게 없는 사실이다.

에필로그

나는 돌아간다, 반드시

요즘 만나는 사람마다 내게 던지는 질문이 있다.

"쿠르베 스피커가 유명해졌으니 MBC에 복직하고 싶은 마음이 사라지지 않았나요?"

나는 한결같이 대답한다.

"웬걸요, 복직해야죠. 스피커가 아무리 잘 팔려도 나는 MBC로 돌아갈 겁니다, 반드시."

나는 돌아간다. 언제가 될지는 모르지만 MBC에 꼭 복직할 것이다. 법원은 해고 무효 소송 1심에서 파업의 정당성을 인정하고 나를 비롯한 여섯 언론인의 해고가 부당하다고 판결했다. 회사는 항소했지만 언젠가는 대법원에서도 승리할 것이다. 대법원 판결까지 몇 년이 걸리더라도 기다릴 것이다. MBC는 내 젊은 날의 모든 것이다. 내 청춘을 바친 직장, 나를 언론인으로 키워준 곳, 그리고 지금은 잠시 떠나 있지만 반드시 돌아가야 할 고향이다.

　MBC는 지금 신음하고 있다. 세월호 참사는 곧 언론의 참사, 공영방송 MBC의 참사이기도 했다. 사고 직후 구조 작업의 난맥상을 전혀 비판하지 못하고 앵무새처럼 정부 발표만 받아쓴 기자들은 급기야 실종자 가족들에게 취재를 거부당하고 현장에서 쫓겨나는 수모를 겪어야만 했다. MBC 뉴스는 국가의 무책임으로 자식을 잃은 부모를 위로하지는 못할망정, 그들을 훈계하면서 조급한 비애국적 세력인 것처럼 몰아가기까지 했다. 기자들은 '기레기'라고 손가락질 당하고 뉴스의 신뢰도는 창사 이래 최저의 나락으로 추락했다. 뉴스를 이끌던 중견 기자들은 해고와 정직, 부당한 인사 조치로 대부분 취재 현장을 떠나고, 대신 파업 기간 동안 대체 인력으로 선발한 기자들이 그 자리를 채우고 정권의 입맛에 맞는 뉴스만 양산해내고 있다.

　어쩌다 이 지경이 됐을까. 누가 MBC를 이렇게 만들어놓았을까. 권력자의 눈치만 보던 김재철 사장 한 명이 단 3년 만에 이룩해놓은 처참한 업적이다. 일간지 전면 광고까지 내면서 노조의 파업을 '정치 파업'이라고 맹비난한 김재철 씨는 MBC 사장직에서 쫓겨난 후

자신의 고향인 사천으로 내려가 새누리당에 입당하고 시장 후보로 공천 신청을 했다. 기가 막힐 노릇이다.

더구나 김재철 사장 시절에 부사장이었던 안광한 씨는 사장이 됐고, 보도본부장이었던 권재홍 씨는 부사장이 됐으며, 기획조정본부장이었던 이진숙 씨는 보도본부장이 됐다. 김재철 씨의 지시를 받아 나를 해고했던 인사위원회의 핵심 3인이 MBC의 넘버 1, 2, 3이 된 것이다. 이런 판국에 MBC로 돌아가겠다는 내 바람은 어쩌면 이루어질 수 없는 헛된 소망일지 모른다.

그래도 나는 MBC로 돌아가는 꿈을 꾼다. 대통령과 청와대만 바라보는 뉴스를 보면 안타깝고, MBC를 '엠빙신'이라 부르는 네티즌들의 조롱을 보면 가슴이 아파온다. 돌아가서 되돌려놓고 싶다. MBC를 사랑했던 죄로 쫓겨나고 징계받았던 동료들과 함께 예전의 MBC로 되돌려놓고 싶다. 지나간 시간을 거꾸로 되돌릴 수는 없겠지만 무너져가는 뉴스를 다시 세우는 것은 불가능하지 않으리라 믿는다. 단 1퍼센트의 가능성만 있더라도, 아니 불가능하더라도 다시 세워야 한다.

어차피 MBC에 입사한 후 내 삶의 궤적 자체가 좌충우돌, 예측 불가능이 아니었던가. 음악을 좋아하고 골프에 몰두했던 한량 기자가 어느 날 갑자기 노조위원장이 되고, 무사히 노조 생활을 마치나 했더니 좌파 언론인으로 낙인찍혀 해고를 당하고, 분노를 달래기 위해 목공에 손을 댔다가 어느새 스피커를 만들게 되고, 이왕 시작한 일 제대로 벌여보자고 달려든 사업이 1년여 만에 여기까지 온 것처럼 말이다. 이제 막 자리 잡기 시작한 사업을 놓고 표표히 MBC로 돌아간다 해도 전혀 서운할 건 없다.

이런 생각을 말하면, 사람들이 또 묻는다.

"그러면 쿠르베는 어떻게 되나요? 복직하면 사업을 접을 건가요?"

나는 또 대답한다.

"웬걸요. 쿠르베도 계속 이어나가야죠. 멋진 신제품도 또 만들고 이왕이면 수출도 해서 누구나 쿠르베라는 이름만 들어도 다 아는 대한민국 대표 스피커 브랜드로 키워야죠."

내가 MBC로 돌아가도 쿠르베가 과연 살아남을 수 있을까? 쉽지는 않을 것이다. 박성제와 쿠르베를 완전히 분리할 수는 없기 때문이다. 나는 쿠르베의 디자이너이자 개발자이며, 상표권자이자 오너다. MBC가 나를 키워준 고향이라면 쿠르베는 나의 영혼이 담긴 분신이다. 외로운 내 해직 생활의 친구이자 내 꿈의 결과물이다. 그래서 쿠르베와 나를 떼어놓는 것은 불가능하다.

그래도 쿠르베는 '해직 언론인의 스피커'라는 이미지와 언젠가는 결별해야 한다. 그래야 대한민국 대표 스피커로 자리 잡을 수 있다. '세상에서 가장 슬프고 아름다운 스피커'로 불렸던 쿠르베에서 '슬픔'을 털어내고 '세상에서 가장 아름다운 스피커'로 다시 자리매

김하게 해야 한다.

그러기 위해 무엇보다 중요한 것은 내가 없더라도 쿠르베 스피커가 만들어지고 팔려나갈 수 있는 시스템을 구축하는 것이다. 그것을 위한 작업을 이미 시작했다. 쿠르베가 양재동의 한적한 청음실에서 벗어나 더 많은 사람들에게 선보일 수 있도록 유통망 확보에 나선 것도 그러한 작업의 일환이다. 주문 상담부터 제작과 설치까지 전 과정을 나 대신 관리해줄 동업자도 모셔 올 생각이다. 쿠르베와 나를 도와준 많은 전문가들이 이번에도 큰 힘이 되어줄 것이다. 아내가 늘 말했듯이 나는 인복이 많은 사람 아닌가.

쿠르베를 만든 것이 내 인생의 행복한 도전이었듯, MBC로 돌아가는 것 또한 내게는 새로운 도전이다. 이제 나는 쿠르베를 '대한민국 최고의 스피커'로 키워내는 동시에, MBC를 '만나면 좋은 친구'로 되돌려놓는 꿈에 도전하려 한다. 이 두 가지 꿈을 한꺼번에 이뤄내는 건 결코 쉽지 않을 것이다. 그래도 나는 저지르고 맞설 것이다.

나는 도전을 즐기는 사람이니까.

어쩌다 보니,
그러다 보니

첫판 1쇄 펴낸날 2014년 9월 26일
3쇄 펴낸날 2025년 5월 1일

지은이 박성제
발행인 조한나
책임편집 김교석
편집기획 문해림 김유진 박혜인 함초원 조정현
디자인 한승연 성윤정
마케팅 문창운 백윤진 김민영
회계 양여진 김주연

펴낸곳 (주)도서출판 푸른숲
출판등록 2003년 12월 17일 제2003-000032호
주소 서울특별시 마포구 토정로 35-1 2층, 우편번호 04083
전화 02)6392-7871, 2(마케팅부), 02)6392-7873(편집부)
팩스 02)6392-7875
홈페이지 www.prunsoop.co.kr
페이스북 www.facebook.com/prunsoop **인스타그램** @prunsoop

ⓒ 박성제, 2014
ISBN 979-11-5675-524-1(03810)

* 이 책은 저작권법에 의해 한국 내에서 보호를 받는 저작물이므로
  무단전재와 복제를 금합니다. 이 책 내용의 전부 또는 일부를 사용하려면
  반드시 저작권자와 (주)도서출판 푸른숲의 동의를 받아야 합니다.
* 잘못된 책은 구입하신 서점에서 바꾸어 드립니다.
* 본서의 반품 기한은 2030년 5월 31일까지입니다.